부의 복음

부의 복음

2014년 04월 3일 1판 1쇄 인쇄
2023년 12월 30일 1판 3쇄 펴냄

지은이 | 앤드류 카네기
옮긴이 | 박별
기　획 | 김민호
발행인 | 김정재

펴낸곳 | 나래북 · 예림북
등록 | 제 313-1997-000010호
주소 | 경기도 고양시 지도로 92번길 55. 다동-201호
전화 | (031) 914-6147
팩스 | (031) 914-6148
이메일 | naraeyearim@naver.com

ISBN 978-89-94134-31-4 13320
*잘못 만들어진 책은 구입하신 서점에서 교환해 드립니다.
*무단전재를 금합니다.
*값은 뒤 표지에 있습니다.

부의 복음
The Gospel of Wealth

앤드류 카네기 지음 | 박별 옮김

나래북

"사람은 논리가 아닌 감정으로
다루어야 한다는 것을 명심하라"

서문

📓 사업가가 되기 위한 길

이 서문의 원제는 "How I served my apprenticeship."이다. 즉 『어떻게 내가 실업가에게 고용될 수 있었는가?』로 1896년에 '유스즈 컴퍼니 온'에 발표된 것이다.

카네기가 62세가 되었을 때 발표된 당시에는 미국의 철강 생산을 거의 독점하여 미국 최대 부자 중의 한 명이 되어 있었다. 그는 1835년에 스코틀랜드 던퍼믈린(Dunfermline)에서 태어났고, 그의 가족은 생활을 위해 1848년에 미국으로 이주하면서 가난한 이민자의 아들이 48년 동안 걸어온 자신의 실업가로서의 길을 되돌아보며 쓴 책이다.

나는 왜 실업가가 되었는가?

내가 실업가가 되기 전까지 어떻게 성장했는가에 대하여 이야기하는 것은 큰 기쁨이다. 하지만 그 전에 내가 어떻게 실업가가 될 수 있었는지 궁금해할 텐데, 실은 내가 실업가가 된 것은 나 스스로 좋아서 선택하고 걸어온 길이 아니었다.

가난한 부모님 밑에서 장남으로 태어난 나는 다행스럽게도 어릴 적부터 살아남기 위해 여러 가지 일을 해야만 했다. 그래서 어린 소년 시절부터 부모님을 도우며 부모님처럼 가능한 한 빨리 가족들의 생활을 위해 돈을 벌어야 하는 것이 내 의무였다.

때문에 "내가 무엇을 하고 싶은가?"가 아니라 "내가 할 수 있는 일은 무엇인가?"가 출발점이 되었다.

가난에서 벗어나겠다!

나는 스코틀랜드의 던퍼믈린(스코틀랜드 동부, Fife 주 서남부, Forth 만 부근의 도시로 직물산업으로 유명했던 도시.)이라는 도시에서 태어났다. 내가 태어났을 때 아버지는 이 도시의 꽤 실력이 있는 직물 장인으로 직물이 4대를 가지고 있었고, 또한 몇 명의 직공을 고용하고 있었다. 이것은 증기기관을 이용하여 공장에서 리넨(linen:아마포)을 제조하던 시대보다 앞선 시절이었다. 도매상이 주문을 받아 아버지와 같은 직물 장인을 고용하고, 그들에게 원료인 실을 제공하여 일을 시키는 것이었다.

하지만 증기기관을 동력으로 사용하는 기계식 공장 시스템의 발달로 인해 수작업에 의한 직물 작업은 점점 쇠락의 길에 접어들기 시작했다. 아버지도 이러한 변화 때문에 쓴맛을 봐야 했던 사람 중의 한 명이었다.

그러던 어느 날, 아버지는 완성된 천을 도매상에 납품하고 어깨가 축 처진 채로 우리의 작은 집에 돌아오셨다. 더는 일을 할 수 없게 된 것이다. 이것은 내가 10살이 되던 해의 일이었다.

이때 나는 내 인생에서 최초로, 그리고 가장 중요한 교훈을 얻게 되었다. 그리고 이 교훈은 내 마음속에 선명하게 새겨지게 되었다. 덕분에 나는 '가난이라는 괴물을 반드시 우리 집안에서 몰아내겠다.'고 결심을 하였다.

이렇게 해서 우리 집안에서는 낡은 직물기를 처분하고 미국에 이민을 가자는 이야기가 나오기 시작했고, 나는 이 토론을 매일 들어야만 했다.

부모님은 결국 생활고에서 벗어나기 위해 신대륙으로 이주할 것을 결심하시고 펜실베이니아 주 피츠버그에 이주하여 사는 친척을 찾아가게 되었다. 부모님이 이민을 결심하신 것은 자신들을 위해서가 아니라 오로지 나와 어린 두 동생의 장래를 위한 것이었다.

내가 부모님의 이런 생각을 알게 된 것은 그로부터 몇 년이 흐른 뒤였는데, 자식들의 장래를 위해 자신들의 미래를 희생할 수 있다는 부모님의 깊은 사랑을 깨달았을 때, 나는 그런 부모님을 마음속 깊이 자랑스럽게 여기게 되었다.

해설

이 서문 속 카네기의 짧은 자서전은 철강왕 카네기를 아는 데 가장 흥미로운 부분이다. 카네기가 막 철이 들기 시작할 무렵 그의 집안은 극심한 가난에 빠져 있었다. 그래서 카네기는 정규 교육 과정을 10살까지밖에 못 받았다. 이것은 카네기와 가장 비슷한 인생 여정을 걸어야 했던 위대한 사업가, 발명가, 사상가들. 집안의 형편으로 학교 교육을 제대로 받지 못했던 정주영 회장과 똑같다.

이렇게 가난한 가정에서 자란 어린 카네기가 처음으로 인생의 지침으로 삼은 것은 '나는 무엇을 하고 싶은가?'가 아니라 '내가 할 수 있는 일은 무엇인가?'였다. 그렇게 그는 주변 환경과 자신의 운명에 안주하는 것을 거부했다. 강인한 정신력을 엿볼 수 있는 부분이다. 아마 지금의 우리나라에서는 불과 12살의 나이에 이러한 결심을 할 수 있는 소년이 한 명이라도 있을까? 지독한 가난 속에서 자랐음에도 불구하고 카네기의 부모님에 대한 사랑과 존경심은 변함없이 높고 깊었다. 가난한 집안에서 자랐지만 현명한 부모님이 있다는 것은 소년에게는 더없이 훌륭한 환경이다. 이런 점에서도 카네기는 현대의 번영 속에서 잊힌 소중한 교훈을 가르쳐 주고 있다.

첫 급여

 미국으로 건너온 우리 가족 네 명은 피츠버그 강 건너편 도시 앨러게니에 정착을 하고, 아버지는 방직 공장에서 일을 하게 되었다. 나도 머지않아 이 공장에서 주급 1달러 20센트를 받으며 실을 감는 수습공으로 취직을 하였다. 이렇게 해서 나의 실업가로서의 길을 걷는 준비를 시작하게 되었는데, 당시 나는 겨우 12살밖에 되지 않은 소년이었다. 그리고 취직한 주의 마지막 날에 난생 처음으로 스스로 일해서 번 돈을 손에 쥘 수 있었다.

 나는 처음 1달러 20센트의 급여를 손에 쥔 순간 나 자신을 얼마나 자랑스럽게 여겼는지는 말로는 형언할 수 없었다. 내가 세상을 위해 무언가 도움을 주고받은 돈이다. 또한, 나는 가족을 위해 이바지할 수 있는 한 사람으로서 인정을 받은 것이다. 이제는 부모님에게 모든 것을 의지하지 않아도 되었다.

 가족과 사회를 위해 도움이 되고 있다는 자각만큼 소년을 성장시키고 소년의 마음에 진정한 사내다움을 싹틔우게 것은 없을 것이다. 그것은 말 그대로 육체노동을 통해 그 보수를 받는다는 것이고, 그 보수는 열심히 일한 일주일의 대가였다.

그날 이후 지금에 이르기까지 내 손을 거쳐 간 돈의 합계가 얼마나 되는지는 나조차도 계산할 수 없을 만큼 거액이다. 그러나 수입이 생기고 이렇게 솔직하게 기뻐했던 적은 없었다. 이 1달러 20센트의 주급이 주었던 만족감을 능가할 수 있는 것은 그 어디에도 없을 것이다.

12살 소년이었던 내가 일요일을 제외하고 매일 아침에 일어나 아침을 먹자마자 집을 나와 공장으로 가는 길을 개척하고, 아직 어둠이 채 가시지 않은 시간에 일을 시작해서 점심시간 40분의 휴식시간을 제외하고 다시 어두워질 때까지 계속해서 일해야 한다는 것은 끔찍한 일이었다.

나는 아직 젊고 꿈이 있었기 때문에 평생을 실 감는 일을 하며 생을 마감할 생각은 추호도 없었다. 이것은 사회로 나가는 첫걸음에 지나지 않았다. 반드시 출세하여 부모님을 편하게 모실 것이다. 그러기 위해서 어떻게 해야 할지 방법은 전혀 몰랐지만, 나는 스스로 더는 소년이라고 생각하지 않았다. 아무에게도 기대지 않고 자신의 권리와 의무를 다하면서 스스로 책임지고 판단해야 했다. 작지만 어른이라는 생각은 내게 매일의 힘든 노동을 이겨낼 수 있게 해준 즐거움이었다.

직업을 바꾸다

실 감는 일을 반 년 정도 하다가 13살이 채 되기 전에, 직장을 옮기게 되었다. 친척의 권유로 스코틀랜드 친구가 운영하는 방직 공장에서 일을 하게 되었다. 내가 해야 하는 일은 지하실에서 보일러 불을 책임지는 일이었다.

작은 보일러에 나무를 태워 증기기관을 작동시켰는데, 공장의 모든 동력을 이 보일러에 의존하고 있었기 때문에 보일러의 수량, 증기기관의 운전속도, 화력의 조절 등 내가 맡은 일에 조금이라도 실수가 있다면 공장의 작동이 멈추는 것은 물론이고 잘못하면 스팀이 폭발하여 공장 전체가 날아갈 수도 있다.

12살이 조금 넘은 소년에게 이 일은 엄청난 중책이었다. 온종일 공장에서 일하고 밤늦게 집으로 돌아가 잠을 자면 꿈속에서 스팀이 이상을 일으켜 깜짝 놀라 잠에서 깬 채로 아침까지 잠을 이루지 못하는 일이 셀 수 없이 많았다.

그러나 절대로 부모님에게는 힘든 내색을 하지 않았다. 아니, 오히려 매일 즐겁게 일을 하는 것처럼 행동하였다. 이것은 나뿐만이 아니라 가족 모두 똑같았다. 어린 동생을 제외하고 부모님과 나는 열심히 일하면서 그날 있었던 즐거움에 관해 이야기를 나누었지만, 결코 힘들다고 한탄하거나 싫은 내색은 절대로 하지 않았다.

어머니는 집안을 도와주는 사람이 없는데도 매일 일이 끝나면 밤늦게까지 신발을 꿰매는 부업을 하여 매주 2, 3파운드를 저축하셨다. 아버지 또한 매일 공장에서 중노동을 견디셔야 하는 건 두말할 나위가 없다. 이런 상황에서 내가 어떻게 감히 무엇을 요구할 수 있겠는가?

공장 사장은 어린 소년에게 보일러를 맡기는 것이 너무 힘들다고 생각했는지 내게 공장의 사무일을 맡겼다. 하지만 계산을 하는 사무 일에 시간이 많이 필요하지 않기 때문에 그 외의 시간에는 힘든 노동을 견뎌야만 했다.

가난하다는 것은 불행이 아니다

우리는 가난하다는 것이 불행하지 않다고 생각하는 것이 보통이었다. 부를 타고난 사람들, 행복하게 살 수 있는 사람들은 단순하게 믿는다. 사업할 경우 자본을 가진 사람일수록 많은 수익을 기대할 수 있다고 믿고 있다.

그러나 마음이 편안하고 가난하게 사는 것은 마음의 안정을 잃은 부자의 삶보다 훨씬 가치가 있고, 거짓 없는 인생을 살 수 있으며 평생 많은 일을 성취할 수 있다.

많은 일꾼에 둘러싸여 성장하고 가정교사에게 교육을 받으며 진정한 인생의 기쁨과 슬픔을 모르는 채로 성장한 부잣집 아이들이 정말 불쌍하다고 여긴다.

부유한 환경에서 자란 아이들이 부모의 은혜를 많이 받았다고 여길지도 모른다. 하지만 정말 그럴까?

가난한 집안에서 자란 아이에게 아버지는 진정으로 신뢰할 수 있는 친구이자 스승이고 모범이다. 그리고 성스러운 어머니는 더욱 신뢰할 수 있는 보모이고 스승이고 신과 같은 보호자이다. 가난한 집안의 아이들은 그러한 어머니에게서 무엇과도 바꿀 수 없는 보물을 가진 것이다. 부잣집 아이들은 불행하게도 이러한 보물을 알 수 없다.

누구에게나 평등한 사회를 건설하고 빈곤을 퇴치하고자 하는 사회운동이 전 세계로 퍼져 나가고 있다. 만약 이러한 운동의 취지가 쓸데없는 사치를 없애는 것이라면 나 또한 찬성한다. 그러나 평등이라는 핑계로 단순히 가난을 회피하려는 것이라면 그것은 정직함과 근면함, 극기 등 인간 사회의 미덕을 창출해 내는 기반을 뿌리째 흔드는 것이 된다. 근면함과 극기심은 두말할 필요도 없이 인류 문명을 발전시키는 원동력이다.

전신회사의 통신 기사가 되다

나는 세 번째 회사로 피츠버그 전신국의 전보 배달부로 들어갔다. 새로운 직장은 청결한 사무실에 햇볕이 잘 드는 유리창, 창문을 열면 신선한 공기를 마음껏 마실 수 있었다. 사무실에는 많은 책과 신문이 배달되었고, 종이와 펜과 잉크도 있었다. 그곳은 마치 천국과도 같은 직장이었다.

단 한 가지 걱정거리는 내가 스코틀랜드의 이민자였기 때문에 피츠버그 거리에 대하여 전혀 몰랐다는 것이다. 전보를 배달해야 하는 위치를 모른다면 전혀 쓸모없는 인간이기 때문에 해고될지도 모른다. 그래서 배달을 갈 때마다 거리의 상점을 기준으로 길을 외우려고 했다. 그리고 얼마 되지 않아 눈을 감고도 모든 거리의 상점을 구석구석 외울 수 있게 되었다.

출세하고자 했던 나는 통신기사가 되기로 했다. 나는 시간이 날 때마다 통신실로 들어가 통신하는 방법을 살펴보았다. 그리고 정해진 시간보다 일찍 전신국에 출근하여 사무실과 통신실을 청소하고 전신 기사들이 출근할 때까지 통신기기를 만지며 전보를 치는 연습을 했다.

나와 같은 소년들이 다른 전신국에도 있었고 그중 몇 명과는 아침의 짧은 시간에 서로 전신을 보내거나 받는 연습을 하였다.

어느 날 아침, 나는 필라델피아 전신국에서 피츠버그 전신국을 호출하는 소리를 들었다. 그것은 사망 전보를 보내고 싶다는 내용이었다. 나는 필라델피아 전신국에 그 전보를 받겠다고 한 뒤, 받은 전보를 곧바로 배달했다. 잠시 뒤 출근한 전신기사는 내 행위를 혼내는 대신에 자기 일을 부탁하게 되었다.

현재 미국에서 전신기사라고 불리는 사람 중에 모르스 신호를 귀로 듣고 알아들을 수 있는 사람은 한 사람도 없을 것이다. 하지만 내가 귀로 듣고 직접 전문을 쓸 수 있게 되었을 때, 미국에서 나처럼 할 수 있는 사람은 나 말고 한두 명이 있을까 말까였다.

이런 내 특기는 이윽고 전신회사 간부의 귀에 들어가게 되었고, 얼마 뒤 나는 정식 전신 기사로 채용되었다. 16살의 소년에게는 파격적인 25달러의 월급, 연봉 300달러의 정식 사원이 된 것이다. 연봉 300달러라고 하는 금액은 당시로서는 독립된 가정을 꾸리기에 충분한 금액이었다. 그리고 이 금액은 내가 12살 때 실 감는 일을 하며 주급 1달러 20센트를 받았을 때 목표로 삼았던 금액이었다. 나는 3년 만에 그 목표를 달성한 것이다.

해설

**카네기 소년은 12살에 처음 취직을 하였고, 18살이 될 때까지 네 번 직장을 옮겼다. 카네기가 직장을 옮기면서 중요하게 생각한 것은 임금이 아니라 '공부할 시간'을 갖는 것이었다. 처음 취직하여 반년 동안 실공장에서 일을 할 때는 혹독한 노동을 끝마치고 일요일에는 회계 공부를 하기 시작했다. 그리고 자신이 일하던 실공장에서 사무원으로 발탁되었는데, 이곳에서 실제 기업 경영의 숫자와 회계 실력을 통해 당시에는 최고의 산업이었던 실공장이 이미 낙후된 산업이 되어 가고 있다는 사실을 깨달았다.

카네기가 세 번째로 옮긴 전신회사는 당시로서는 최첨단 산업이었다. 무선 전신이 발명되어 모스 신호에 의한 통신이 미국에 들어오게 된 것은 카네기가 전신회사의 배달부로 취직한 10년 전의 일이었다. 이곳에서도 카네기는 전보 배달부로 만족하지 않고 독학으로 전신을 보내고 받는 기술을 배워 전신기사로 승격된다.

당시는 전신과 동조하는 수신기가 전신 회선 끝에 달려 송신이 시작되면 수신기에서 달그락 소리를 내면서 종이테이프에 모스 신호를 새겼다. 그러면 해독을 하는 담당자가 그것을 알파벳으로 전환하고 전보로서 배달되는 것이다. 하지만 카네기는 얼마 지나지 않아 신호를 귀로 듣고 그대로 내용을 이해할 수 있게 되었다. 미국 전체에서 몇 안 되는 기술자가 된 것이다.

펜실베이니아 철도로 이직할 때 카네기는 전신회사로부터 "대우에 불만이 있으면 당장에 승진과 함께 급여를 올려주겠다."는 말을 들었다. 하지만 카네기의 말을 빌리자면 "불만이 없는 것이 오히려 무서웠다."고 한다. 카네기는 지나치게 쾌적한 환경에 있다 보면 발전이 멈춰버릴 것으로 생각한 것이다.

처음 부수입이 생기다

당시 피츠버그에는 여섯 개의 신문사가 있었다. 이 신문사들은 모두 동부에 있는 통신사로부터 뉴스를 사들였다. 뉴스 원고는 모두 피츠버그 전신국에 전보로 보내졌고, 전신국 직원 한 명이 각 신문사와 주급 1달러씩, 여섯 개의 신문사로부터 모두 6달러를 받고 전보를 배달하는 일을 맡고 있었다. 하루는 이 일을 맡아서 하던 직원이 내게 주급 1달러를 받고 자기 일을 대신하지 않겠냐고 물어왔다. 당시 나는 신문에 가끔 투고를 하면서 저널리즘에 흥미를 느끼고 있던 터라 기꺼이 이 일을 하겠다고 했다.

덕분에 나는 매일 밤마다 전신국으로 뉴스 전보를 받으러 오던 신문사 사람들과 친분을 쌓을 수 있게 되었다. 저널리즘의 세계에서 일하는 사람들은 이전까지 내가 알던 사람들과는 달리 기민한 사람들이었다. 그들과 대화를 나누는 것은 내가 모르던 세상과 모르던 사고방식을 배울 좋은 기회가 되었다.

매주 1달러라고 하는 부수입은 처음으로 나만을 위한 용돈이 되어 주머니가 두둑해졌다. 금액은 얼마 되지 않았지만, 본업에 영향을 끼치지 않는 한도에서 조금만 일하면 자유롭게 쓸 수 있는 수입, 이것을 '비즈니스'라고 하지 않으면 뭐라 부를 수 있겠는가? 본업에서 들어오는 정기적인 월급도 있다.

펜실베이니아 철도에 취직

전신회사에 취직하고 얼마 되지 않아 아파라치아 산맥을 횡단하는 뉴욕에서 피츠버그까지의 철도가 개통하게 되었다. 철도를 건설하는 것은 펜실베이니아 철도로 개통되는 뉴욕까지는 12시간, 하루 반나절의 여정이다.

피츠버그에는 철도 건설을 위한 사무실이 설치되었는데, 내 평생의 은인이라 할 수 있는 토머스 A 스콧 씨가 철도 건설 사업의 총감독으로 부임했다. 펜실베이니아 철도의 본사는 아파라치아 산맥의 동쪽에 있는 알투나라는 작은 마을에 있었고, 스콧 씨는 본사와의 연락을 위해 자주 전신국을 방문했다. 그것이 계기가 되어 스콧 씨는 나를 귀엽게 봐주었다.

스콧 씨는 부하직원에게 맡겨도 될 전보를 직접 보내러 전신국에 찾아온 것은 다른 목적이 있었다.

어느 날, 스콧 씨는 내게 펜실베이니아 철도에서 자신의 비서 겸 전신 책임자로 일하지 않겠느냐고 의중을 물어왔다. 전신회사의 대우나 업무 내용에 불만이 있었던 것은 아니었지만, 전혀 불만이 없다는 것은 거기에서 발전이 멈추어 버린다는 것이다. 생각에 따라서 그것은 나와 같은 청년에게는 매우 무서운 일이었다. 나는 스콧 씨의 제안을 승낙했다.

나의 네 번째 직장이었다. 스콧 씨가 약속해 준 급여는 매달 35달러였다. 참고로 스콧 씨의 월급은 125달러였다. 나는 18살이 되는 해에 피츠버그 시민이자 당당하게 제 몫을 할 수 있는 이상의 급여를 받는 위치에 올라설 수 있었다. 철도의 장래성에 대한 내 예상은 딱 맞아떨어졌는데, 그것은 예상 이상의 것이라고 할 수 있다. 내가 펜실베이니아 철도에 들어온 6년 뒤에 스콧 씨는 부사장으로 승진하였고, 나는 그의 뒤를 이어 피츠버그 지역의 총책임자가 되었다.

첫 주식투자

 펜실베이니아 철도에 취직하고 얼마 뒤의 일이다. 스콧 씨는 어느 날 갑자기 "자네, 500달러의 자금을 만들 수 있겠나?"라고 물었다.

 "펜실베이니아 철도회사와 연관이 있는 애덤스 운송회사라는 주식회사가 있는데 그곳의 주식 10주를 가지고 있는 사람이 죽어서 유족들이 주식을 처분해 달라고 부탁을 받았네. 한 주의 가격은 액면가 50달러이고 10주에 500달러지. 혹시라도 주식을 사고 싶으나 돈이 부족하다면 빌려줄 수 있네. 현재 매달 1퍼센트의 배당금을 지급하고 있고 경영상태도 전전한 회사일세."

 스콧 씨는 이렇게 말하면서 내게 애덤스 운송회사의 주주가 되라고 권하였다.

 스콧 씨는 애덤스 운송회사의 경영 내용을 잘 아는 위치에 있었다. 주식은 시가가 아니라 액면가로 팔겠다고 했다. 스콧 씨가 이익을 얻으려 했다면 주식을 액면가 이상으로 살 투자자는 쉽게 찾을 수 있었다. 그럼에도 불구하고 스콧 씨는 내게 제안을 하였고,

부족하면 융자까지 해주겠다고 하였다.

나는 지금 집에 500달러라는 여윳돈이 있는 것은 아니었지만, 흔쾌히 "500달러라면 어떻게 해보겠습니다. 시간을 조금 주십시오."라고 대답했다.

나는 집으로 돌아가서 부모님과 이 사실을 상담했다. 묵묵히 내 이야기를 듣고 계시던 어머니는 "이 집을 저당 잡히고 오하이오에 계시는 삼촌에게 500달러를 빌리자꾸나. 내가 내일 당장 부탁을 하러 갔다 오마."라고 흔쾌하게 수락해 주셨다. 당시 우리가 살고 있던 작은 집은 몇 년 전에 800달러를 할부로 샀다. 세 명이 일해서 조금씩 갚아 얼마 전에 완전히 우리 집이 되었다. 어머니는 그런 귀중한 가족 모두의 재산인 집을 주식 투자를 위해 내게 제공해 주셨다.

그렇게 얼마 뒤 주식은 내 것이 되었다. 그리고 스콧 씨가 말했던 대로 곧바로 '출납 담당 배브콕'이라고 서명된 5달러 수표가 배당금으로 보내왔다.

수표를 받은 다음 날이 일요일이었기 때문에 나는 철도에 근무하는 친구와 함께 가까운 숲으로 소풍을 가서 나무 그늘에서 이 수표를 보여주었다. 내 친구에게 그것은 처음 접하는 일이었다. 나를 포함한 모두는 지금까지 자신이 직접 일하는 것 이외에 단 한 푼의 수입이 생겼던 경험이 없었다.

내가 어떻게 이 배당금을 받게 되었는지 설명해 주자 친구 중의 한 명이 이렇게 말했다.

"앤디! 정말 멋져. 너는 자본가가 된 거야!"

침대차에 투자하다

내가 펜실베이니아 철도의 피츠버그 지구 책임자가 된 지 얼마 되지 않았을 때의 일이다.

농부의 복장을 한 신사 한 명이 찾아와 이렇게 말을 걸었다.

"카네기 씨, 저는 당신이 펜실베이니아 철도의 관계자라는 사실을 조금 전 차장에게서 들었습니다. 그래서 꼭 한번 보여주고 싶은 것이 있습니다."

그는 가지고 있던 보따리를 펼쳐서 내게 침대차의 모형을 보여 주었다. 그는 바로 발명가 우들프 씨였다. 나는 장거리 열차의 황금시대가 올 것을 예견했다.

나는 그의 손을 잡고 이렇게 말했다.

"귀중한 것을 보여 주어서 고맙습니다. 회사 간부들과 협의하기 위해 다음 주에 알투나에 와주시지 않겠습니까?"

나는 오하이오의 스콧 씨에게 연락했고, 그다음 주에 알투나에서 스콧 씨, 나, 우들프 씨 세 명이 침대차 구상에 대하여 협의를 했다.

스콧 씨는 매우 적극적으로 나서며 침대차가 완성되면 펜실베이니아 철도에서 당장에 차량 2대를 시험적으로 사용하겠다고 약속해 주었다.

우들프 씨는 빠른 결론에 매우 만족했다. 그리고 다음 날, 알투에서 오하이오로 돌아오기 직전에 나를 찾아와 고맙다는 말과 함께 "침대차를 만드는 회사를 세우고 싶은데 괜찮으시다면 주주가 되어주시지 않겠습니까?"라고 제안했다. 물론 나는 기꺼이 그의 제안을 받아들였다.

침대차 두 량을 만드는 데 필요한 자금 대부분은 침대차 제작을 하기로 한 회사가 책임지기로 하였지만, 회사를 설립할 비용과 운용 자금 217달러는 내가 부담하기로 했다.

이런저런 방법을 모색했지만 결국 나는 알투나의 은행을 찾아가서 자세한 사정을 설명한 뒤 매달 15달러를 갚는다는 조건으로 217달러의 융자를 부탁했다.

은행에 융자를 부탁한 것은 그것이 처음이었는데, 은행은 흔쾌히 내 부탁을 받아들였다. 나는 은행의 대부 담당자가 내 이야기를 다 듣고 빙긋이 웃으며 내 어깨에 손을 올리면서 "물론이죠, 카네기 씨"라고 말해 주었던 것을 절대로 잊을 수가 없다. 자신의 책임으로 사업을 운영하는 경영자의 한 사람으로서 은행이 인정해 준 것이다.

이 투자는 큰 성공을 거두어 두 번째 제작한 침대차부터는 그 수입으로 대출을 갚을 수 있게 되었다. 현재 내가 소유하고 있는 거대한 자산의 첫 씨앗은 이 우들프 침대차 회사에 투자하여 획득한 것이다.

키스톤 철교회사를 설립

 몇 년이 지나 피츠버그 쪽의 책임자가 되어 그리운 땅으로 되돌아갔다. 당시에는 크고 작은 강에 놓인 다리는 모두 나무로 되어 있었다. 나는 앞으로 반드시 강철 다리의 시대가 오리라는 것을 예견하고 피츠버그에 철교 제작 회사를 설립했다. 내게 배당된 주식의 금액은 250달러였고, 이 돈은 은행에서 빌려 조달할 수 있었다.

 이렇게 해서 설립한 키스톤 교량제작소는 큰 성공을 거두었다. 오하이오 강의 커다란 철교를 시공했던 것도 이 회사였고, 그 외에도 몇몇 중요한 철교를 꾸준히 가설했다.

 내가 제조업에 관여한 것은 이것이 처음이었지만 나중에 내가 관련된 사업은 모두 키스톤 교량제작소를 기초로 하여 시작되었다. 몇 년 뒤 내가 서른 살이 되었을 때, 나는 13년 동안 근무한 펜실베이니아 철도를 사퇴했다. 12살부터 일을 시작해서 18년 동안 월급을 받으며 남을 위해 계속 일을 하였고, 회사를 사퇴한 다음 날부터 나는 나 자신을 위해 일하는 자유로운 사업가가 되었다.

나 자신의 주인이 되다

나는 내가 샐러리맨인 것에 만족한 적이 없었다. 내가 그대로 펜실베이니아 철도에서 일하면서 운이 좋았다면 사장까지 승진했을지도 모른다. 하지만 설령 내가 펜실베이니아 철도의 사장이 되었다고 하더라도 내 맘대로 경영을 할 수 없다는 것은 자명한 사실이다. 내가 하고자 하는 것은 철도 경영이 어떤 것인지 잘 모르는 이사회의 결정에 좌우될 것이다.

설령 이사들을 모두 내 편으로 만들 수 있다고 하더라도 주식 총회의 결정에 따라야만 한다. 내가 옳다고 믿어도 그것이 세상 모두가 받아들이기 어려운 것이라면 주주 총회의 찬성을 얻어내기는 대단히 어렵다. 자신이 직접 회사를 소유하고 경영을 하지 않는 한 내 신념이 옳다는 것을 증명할 수 없다.

내 자신의 주인이 되고자 한 유일한 이유는 비록 그것이 아무리 험난한 가시밭길이라고 할지라도 스스로 옳다고 믿는 길을 사업 경영에 투영하고 싶었기 때문이다.

내가 철강업을 선택한 이유는 내 자신이 피츠버그에 살고 있었기 때문이다. 이 도시는 당시 철강 산업 도시로서 미국 제일의 지위를 차지하고 있었다. 내가 가장 반갑게 여긴 것은 철강회사 설립에 필요한 주주가 되어준 사람 중에 소년 시절의 친구들이 많다는 것이었다. 이런 사람들과 상담을 하면서 미국 전체의 수요를 맞추기 위해 사업을 확대해 나가게 되었다.

철강업계에서는 확장 발전과 기술의 진보에 눈길을 주지 않는 것은 자살행위라고 해도 과언이 아니다. 그렇게 심한 경쟁을 한 결과 피츠버그에서는 강철 3파운드의 가격이 불과 2센트로 세계에서 제일 싼 가격이 되었다. 그리고 그것이 미국을 세계 제일의 철강 산업국으로 만들어 주었다.

해설

**일개 샐러리맨에서 미국 유수의 부호 중에 한 사람이 된 카네기의 재산 불리기는 결코 특별한 것이 아니었고, 또한 특별한 행운이 따라준 것도 아니다. 열심히 일하고 저축하여 할부로 집을 샀고, 지급이 끝나자 이번에는 집을 담보로 건실한 주식에 투자하기 시작했다. 물론 이것은 현명한 부모님의 도움이 없이는 불가능했을 것이다. 카네기 소년은 불과 18세의 나이에 자신의 집을 가졌고 주식에 투자하기 시작했다.

침대차 회사에 투자했을 때도 시대의 흐름을 읽는 적극적이고 과감한 성격과 회사 창립 전부터 고객을 확보하는 신중함으로 투자를 성공으로 이끌었다. 이것은 남북전쟁 중에 키스톤 철교회사를 설립할 때에도 엿볼 수 있다. 앞으로는 철교의 시대가 오리라는 것을 미리 파악함과 동시에 회사를 창립한 시점에 이미 펜실베이니아 철도로부터 몇 개의 철교 주문을 확보하였다.

키스톤 철교 회사는 미국 최초로 강철 교량을 제작하는 등 기술 개발에 대단히 열정적인 회사였는데, 이것은 창립자인 카네기의 강한 의지가 반영된 것이다. 당시 철교라고 하면 대부분이 주철이었고, 목제 다리처럼 불에 타거나 물에 떠내려가는 일은 없었지만, 충격에 약하기 때문에 철도용 다리로서는 부적합했다. 더군다나 강철 다리는 주철 다리보다 훨씬 비쌌기 때문에 좋다는 것을 알면서도 쉽게 손을 쓸 수가 없었다.

이 책에는 없지만, 카네기는 강철제 철교를 팔기 위해 고객에게 투자를 권하고 그 채권을 팔기 위해 런던을 수차례 방문하여 당시 세계 최대의 금융재벌이었던 모건 상사를 찾아갔다. 훗날 카네기가 실업계를 은퇴하였을 때 카네기에게서 700만 파운드의 카네기 스틸을 사들인 것도 바로 이 모건 상사였다.

이처럼 카네기는 기술 개발을 열심히 하였던 것은 물론이고 혁신적인 판매에도 힘을 쏟은 시대를 앞서 간 선각자였다.

차례

서문 | 7

제1장 부의 복음 | 37
1. 부는 이렇게 활용하라
2. 부를 사회에 환원시키는 제일 나은 방법

제2장 부에 관한 오해 | 105

제3장 트러스트(trust:독점적 기업 활동)에 대한 환상 | 141

제4장 노동문제와 경영자의 견해 | 171

제5장 미국의 부흥과 제국주의 | 201
1. 국가 간의 동맹은 도움이 되지 않는다!
2. '신'의 이름을 내건 침략 행위

앤드류 카네기 연보 | 259

제1장
부의 복음

1.
부는 이렇게 **'활용'** 하라

"부를 가지고 죽는 것은 진정한 불명예이다."

사회가 진보하기 위한 필요조건

※

 인류 역사가 시작된 이래 최근 100년 사이에 일어난 삶의 변화는 혁명적이라고 불러도 과언이 아닐 것이다. 사람들의 생활은 단순한 변화의 수준을 넘어 풍요롭고 즐거운 것이 되었다.

 나는 이전에 미국 남부를 여행할 때 인디언 추장의 집에 초대받은 적이 있었다. 추장의 집은 겉에서 보기에도 주변 부하들이 사는 집과 전혀 다를 바가 없었고, 집 안 또한 추장의 집이라고 다를 것이 전혀 없었다. 현재 인디언의 삶은 100년 전 우리 조상들의 삶의 모습과 크게 다르지 않을 것이다. 몇 안 되는 왕후 귀족들을 제외하면 주종관계에 있더라도 의식주 등에 특별한 차이가 전혀 없는 것이다.

그러나 현재는 부호라고 불리는 사람들이 사는 저택과 노동자들이 사는 집과는 대단히 큰 차이가 있다. 그것은 노동자의 생활과 주거가 나빠졌기 때문은 아니다. 미국 노동자의 생활은 극단적으로 좋아졌다. 단지 이러한 노동자 중에 재능과 행운, 노력과 인내를 아끼지 않은 사람만이 부호의 지위를 누리며 더욱 높은 수준의 생활을 영위할 수 있게 된 것이다. 그것은 문명이 진보한 결과이기 때문에 결코 한탄할 만한 일이 아니다. 오히려 사회에 빈부의 격차가 있다는 것은 사회가 진보하기 위한 필요조건이라고 부르는 것이 좋을 것이다.

모든 사람이 가난하여 최소한의 생계를 꾸리는 것이 유일한 목표였던 사회와 비록 일부이기는 하지만 부호의 집에 수많은 미술품이 있고 문명사회가 창출해 낸 온갖 편리한 설비와 기기가 있는 사회 중에 과연 어떤 사회가 바람직할까?

단순히 평등만을 외치는 사람들은 모든 사람이 가난하고 마음을 풍족하게 해 줄 수 있는 것이 아무것도 없는 사회를 이상 사회처럼 주장하고 있지만, 과연 그것이 정말로 바람직한 사회일까? 만일 그런 이상 사회가 실현된다면 부자들에 의해 유지되고 있는 오늘날의 문화는 모두 사라지고 부자도 가난한 사람도 모두 똑같이 불행한 생활을 강요당할 뿐이 아닐까?

사회가 오늘날처럼 눈부시게 개선되고 발전하는 것은 시대의 흐름이며 사람의 지혜와 힘으로는 이것을 막을 수가 없다. 따라서 시대의 흐름에 따라 그것을 더욱 좋은 방향으로 이용해야 하고, 시대의 흐름을 막는 그 어떤 실험도 결국은 시간과 힘을 낭비하는 것에 불과하다.

그렇다면 최근 들어 시대의 흐름이 빠르고 거칠어진 것일까? 그것을 굳이 어렵게 설명할 필요는 없을 것이다. 발명, 발견, 기술의 진보, 개선, 그리고 이 모든 것들이 상호 작용을 일으켜 가속화된 것이 시대의 흐름을 빠르게 만드는 가장 큰 원인이다. 이것을 알기 쉽게 제조업을 예로 설명해 보기로 하자.

산업 혁명이 시작되기 전까지 물건을 제조하는 것은 대부분 집안의 일부를 작업장으로 활용하는 정도의 규모였다. 그곳에서는 일가의 주인이나 일하는 사람들이나 모두 같은 장소에서 같은 일을 하면서 생활 상태가 거의 변하지 않았다. 직공이 독립하여 일가의 주인이 되더라도 생활 상태는 확 달라지는 것이 아니고, 달라지는 것이라고는 자신 또한 마찬가지로 직공을 고용해 일을 가르치는 정도였다.

당시에는 주인이나 직공이나 경제적으로 평등한 것은 물론이고 정치적으로도 완전히 평등했다. 왜냐하면, 가내수공업에 종사하는 사람들은 대부분의 경우 정치적 발언권이 전혀 없기 때문이다.

소규모 생산 작업의 결과 제품은 조잡하고 일정하지 않으면서도 가격은 비쌌다. 현재와 같이 뛰어난 품질에 가격도 싼 모든 제품이 시장에 넘쳐나고 있는 상태는 100년 전의 사람들은 꿈조차 꿀 수 없었던 일이다. 이것은 상업의 경우에서도 마찬가지이다.

오늘날 미국에서는 아무리 가난한 사람이라도 과거의 부자들보다 윤택한 생활을 하고 있으며, 불과 얼마 전까지만 해도 사치품이었던 것이 생활필수품이 되어 있다. 손바닥만 한 땅조차 없는 노동자라도 100년 전의 자작농보다 훨씬 행복한 삶을 살고 있고, 지금 자작농의 삶은 과거 대지주의 삶보다 윤택해졌다. 그리고 대지주는 과거의 왕후 귀족들조차 구할 수 없었던 그림과 미술품을 소장하고 감상할 수 있게 되었다.

해설

카네기는 불평등이 환영받을 일이라고 단언하고 있다. 그 이유로 인간에게는 현저한 능력의 차(잠재 능력은 같더라도)가 있다는 것과 출세와 부를 원하는 인간의 욕망이 사회를 움직이게 하는 원동력이라는 것을 들고 있다.

이것들은 학자가 책상 위에서 얻어낸 결론이 아니라 실제로 심한 생존경쟁에서 이긴 카네기의 체험에서 나온 것이다. 그렇다면 카네기는 당연한 것을 당연하게 말한 것에 불과할까?

카네기의 발언은 당시 사회의 일반적인 사고에서 본다면 대단히 대담하고 용기 있는 행동이었다.

현대의 한국처럼 전 세계에서 비교적 빈부의 격차가 작고 교육 정도가 높은 나라라도 누군가에게 "너희가 하층 계급이 된 것은 모두 너희의 무능함 때문이다. 위로 올라가고 싶다면 스스로 무엇을 할 수 있는지 생각하고 노력하라."라고 말할 수 있는 정치가나 실업가가 있다면 국내 여론은 어떤 반응을 보이겠는가?

당시 미국인들의 빈부 격차는 현대인들의 눈으로 본다면 상상을 초월할 정도였다. 교육을 받지 못한 채 가난한 삶을 살아가는 사람들은 자신이 왜 가난한지, 왜 사회에는 부유한 사람들이 있고 왜 그들만이 부를 누리며 살 수 있는지 이해하지 못했다.

가난한 사람들의 처지에서 본다면 부자들은 아무 이유 없이 공격을 당하는 것이 당연한 일이었다. 그런 사람들에게 카네기는 용감하게도 "너희는 하층 계급이다. 너희는 능력은 있지만, 그것을 스스로 발휘하려 하지 않기 때문이다. 위로 올라가고 싶다면 본인이 무엇을 할 수 있는지 생각하고 노력해야만 한다."라고 말한 것이다.

진보의 대가

✳

 물론 사회의 진보가 모두 다 좋은 것만은 아니다. 현재의 커다란 공장에서는 수백, 수천 명의 노동자가 일을 하고 있기 때문에 경영자는 노동자를 개인적으로 거의 알 수가 없고, 노동자 또한 경영자의 인격이나 사고방식을 알 기회가 매우 적다.

 아무것도 없는 데서 경영자, 사원, 직공, 노동자와 같은 신분이 만들어져서 서로 모르는 채로, 혹은 알려고도 하지 않기 때문에 서로서로 신뢰하지 않고 상대를 증오하고 시기하고 저주를 하는 일이 드물지 않다.

 기업 경영자는 경쟁에서 싸워 이기기 위해 경비 절감을 부단히 생각해야 하는데, 그중에서도 특히 인건비와 생산비가 제일 크기 때문에 언제나 삭감 대상이 되기 쉽다.

그래서 경영자의 고충을 모르는 노동자는 눈앞의 이익을 늘리는 데만 급급하다. 덕분에 노동자와 경영자가 충돌하고, 가난한 사람과 부유한 사람들 사이에 끊임없는 분쟁이 일어난다. 그리고 사회의 발전과 함께 과거에는 있었던 사회의 조화를 점점 잃어가게 된 것이다.

생활이 풍요로워지면서 모든 것을 싸게 살 수 있게 되었지만 우리는 이처럼 경쟁이라는 대가를 치르고 있는 것이다. 그러나 여기서 생각해야만 하는 것은 인간이 누리고 있는 사회의 진보와 개선이라는 열매 또한 경쟁이라는 대가를 지급해야만 얻을 수 있다는 점이다.

나는 경쟁 사회가 좋은 점만 있고 폐해는 전혀 없다고 말하려는 것이 아니다. 하지만 경쟁은 한 개인의 의사에 의해 시작되는 것이 아니라 시대의 흐름 속에서 자연스럽게 발생하는 것이다. 개개인의 경우를 살펴보면 경쟁에 져서 가족이 뿔뿔이 흩어져야 하는 비참한 경우도 있을 것이다.

그러나 경쟁력이 강한 사람들이 산업의 지배자가 되는 것은 사회 전체적으로 볼 때 가장 바람직하다.

경쟁이 있다는 것은 사회의 모든 면에서 적자생존, 즉 부적격자는 모습을 감추게 되는 것이다. 우리가 불평등을 불유쾌하게 여긴다면 그 불유쾌함을 향상을 위한 에너지로 바꾸어야 한다. 그렇게 해서 자신을 향상해 가는 것이 진정한 삶의 방식이다.

해설

**카네기가 청년기, 장년기를 보낸 19세기 후반에는 발흥기였던 자본주의와 요람기였던 사회주의가 온갖 형태로 극명하게 대립하기 시작한 시대였다.

카네기 일가가 피츠버그에 이주한 1848년에는 마르크스와 엥겔스의 '공산당 선언'이 런던에서 공포된다. 아직 13살에 정규 학교 교육을 받고 있던 카네기 소년에게 있어서 그것이 어떤 의미가 있는 책이었는가를 알기에는 아직 너무 어렸을지도 모른다.

하지만 카네기가 소년 시절 일했던 피츠버그 직물공장의 열악한 환경은 마르크스와 엥겔스가 계급투쟁의 목표로 삼은 전 근대적이었다. 1867년 다시 마르크스가 자본론의 제1권을 발표하고 마르크스가 죽은 뒤 그의 유고를 정리하여 엥겔스가 1885년과 1894년에 자본론의 제2권과 3권을 간행했다. 이 논문들이 20세기의 세계에 얼마나 큰 영향을 끼쳤는지는 현재의 모든 사람은 잘 알고 있다.

1870년 미합중국의 헌법이 개정되어 보통 선거권이 성립하였다. 선거권이 있는 사람은 인두세 납세자여야 하거나 읽고 쓸 줄 아는 능력이 있어야 하는 등의 몇 가지 제한이 있었지만, 그보다 20년 전에는 노예로서 기본적인 인권조차 누릴 수 없었던 흑인에게도 선거권을 주는 획기적 법안이었다. 그만큼 미국 사회의 흐름은 효율보다는 평등을 중시하는 방향으로 흘러가고 있었다. 미국에 보통 선거권이 성립된 이듬해인 1871년에 파리에 세계 최초의 사회주의 정권인 파리 코뮌이 성립되었다. 그것은 불과 70일의 짧은 시간에 모습을 감추었지만, 세상에 엄청난 충격을 안겨 주었다. 카네기가 이 보도를 들은 것은 왕성하게 활동하던 37세의 일이었다. 그는 1868년에 유니온 제철을 설립하고 정력적으로 제철사업의 근대화에 전력을 다하던 신흥 산업자본가의 한 사람이었다.

재능이 있는 사람에게 많은 보수를

*

 현재의 사회에서는 상업이든 공업이든 특별한 재능을 가진 사람이 대규모 기업을 경영하면서 자신의 재능을 발휘할 수 있는 영역을 넓혀가고 있다. 하지만 대기업을 실제로 운영할 수 있는 재능을 가진 사람은 매우 희박하다.

 만약 대기업의 운영을 약간의 재능만 있으면 누구나 할 수 있는 것이라면 그들에게 막대한 연봉을 지급할 이유가 없다. 그들이 자신의 대우에 불만을 품고 사표를 낸다면 당장에 다른 사람을 찾으면 그만이다.

 그러나 이러한 사업을 경영하는 재능을 가진 사람들이 매우 적다는 것은 그들이 놀랄 만한 막대한 연봉을 받고 있다는 사실만을 봐도 알 수 있다.

혹은 막대한 연봉을 받는 사람들이 그에 걸맞은 거액을 출자하고 있는 것이 아닌가 하는 의문도 있을 것이다. 사실 단순히 연봉만을 받고 있는 것을 말한다면 그런 사람들이 실업계에 있는 것은 확실하다.

그러나 그런 사람들은 경영에 관여하지 않는 것이 일반적이고, 또한 재능은 없지만 막대한 출자자라는 이유만으로 경영에 관여하도록 허락한다면 모든 기업, 기업이 크면 클수록 스스로 위험을 초래하는 것이 된다.

재능이 있는 사람을 경영자로 맞이하는 것은 출자 금액의 크기와 전혀 상관이 없다. 왜냐하면, 뛰어난 경영자는 무에서 유를 창출해 낼 줄 알고, 거액의 자본을 사용하는 사업에 관여하더라도 그 자본에 걸맞은 이상의 이익을 창출해 낼 수가 있다.

반대로 재능이 없는 사람에게 사업을 맡기면 제아무리 거액의 자본이 있다 할지라도 얼마 못 가 산더미 같은 손실을 초래하게 된다. 재능은 있지만, 투자를 할 수 없는 사람과 투자는 할 수 있지만, 재능이 없는 사람 중에 누가 경영자가 되어야 하는가 하는 문제가 발생한다면, 정답은 단 하나 재능이 있는 사람을 선택해야 한다.

수많은 사람을 고용하고 거액의 자본을 움직이는 대기업의 경영은 전진이 아니면 후퇴, 오로지 이 둘 중에 하나의 길밖에 없다. 대기업의 경영은 한 군데 머무르는 것이 불가능한 일이다.

경영자를 평가하는 것은 노력이 아니라 결과이다. 사업을 경영하는 사람이 그 자리에 머물러 있다는 것은 그가 회사에서 아무리 많은 보수를 받는다고 할지라도 그 보수의 몇 배를 뛰어넘는 이익을 회사에 가져다주는 것이며, 그것은 논쟁이 필요 없는 경험상의 법칙이다.

그리고 이 법칙의 활용이 인류사회를 위해 도움이 된다는 것은 다른 과학적 법칙과 인류사회에 도움이 되는 것과 똑같은 것이다.

잘못된 사상

*

 현재 사회가 불평등하다며 불만을 토로하면서 미국 사회조직을 비난하며 공격하는 사람이 있다. 과거에서 현재에 이르기까지 인류가 경험해온 모든 사회조직과 비교한다면, 현재의 미국 사회는 뛰어난 점은 있지만, 뒤처진 것을 결코 찾아낼 수가 없다.

 그리고 오늘날 미국 사회에 범람하고 있는 온갖 개혁안은 제창자가 말하는 훌륭한 결과를 창출해 낼 수 있다는 보장도 없다.

 인간의 문화는 역사조차 불분명했던 오랜 과거에 더욱 열심히 노력하는 노동자가 무능하고 게으른 동료에게 "씨앗을 뿌리지 않으면 수확이 없다."라며 스스로 수확의 평등한 분배를 거절했던 것에서부터 시작되었다. 이렇게 해서 원시 공산주의를 매장하고 일하는 일벌과 일하지 않는 일벌을 구별함으로써 생산력이 향상되고 사회조직이 탄생한 것이다. 따라서 사회조직을 근본에서부터 뒤집고자 하는 사회주의 정당과 무정부주의정당의 주장은 단순히 제도의 개혁이 아니라 인간 문화의 역사를 뿌리째 흔들어버리려는 것과 마찬가지이다.

편견이 없이 생각한다면 현재의 문명이 모두 '사유재산제도'에 기초를 두고 있다는 것을 누구나 알 수 있는 사실이다. 노동자는 저축 은행에 맡긴 수백 달러의 예금을 지키고 불리기 위해 열심히 일하고, 부자 또한 마찬가지로 수억 달러의 재산을 지키기 위해 이런저런 걱정을 하고 있다.

미국 사회의 근간인 이 개인주의를 무너뜨리고 공산주의 사회를 건설하고자 노력하는 사람들에게 나는 경고한다. 당신이 꿈꾸는 공산주의 사회는 인류가 과거에 이미 시험한 것이다. 그리고 한 걸음씩 낡은 조직에서 벗어난 것이 오늘날의 인류 문화사이다.

부를 창출할 능력과 인내를 가진 자만이 부를 축적할 수 있으며, 인류에게 이익이 되기는 했어도 결코 해를 입히지는 않았다.

지금 일단 한 걸음 양보해서 개인주의를 폐지하는 것이 인류의 이익이라고 치자. 그리고 모든 사람이 자신을 위해서만 일을 하지 않고 동료를 위해 일하고 동료들과 함께 노동의 성과를 공평하게 나누는 것이 실현된다면, 그것은 아주 훌륭한 일이다.

그러나 그것을 실현하는 것은 사회의 진화처럼 온화한 것이 아니라 과거의 모든 것을 단절시킨 혁명이라고 해야 할 것이다.

이런 일을 성공하고 싶다면 단순히 사회체제를 바꾸는 것만이 아니라 인류의 천성 자체를 바꾸어야만 하지만, 그런 것은 도저히 50년이나 100년 사이에 해낼 수 있는 일이 아니다.

첫걸음을 내딛자

*

솔직히 말해서 나는 현재의 사회 체제를 사회주의자와 공산주의자들이 말하는 것처럼 바꾸었을 때 어떤 결과가 생길지 알 수 없다.

그러나 가령 사회주의 체제와 공산주의 체제를 취하는 것이 선이라고 하더라도 지금 당장이나 단기간 내에 무모하게 진행해서는 안 된다는 것만은 확실하다.

비록 이론상으로 바람직하다 하더라도 몇 세기 뒤에나 실현 가능할지도 모르는 것을 지금부터 이러쿵저러쿵 말하는 것은 현재를 살아가는 사람들의 의무가 아니라는 것만은 분명하다.

우리가 해야 하는 것은 지금 당장에 실행으로 옮길 수 있는 것으로 첫걸음을 떼어서 오늘, 혹은 금세기 중에 인류가 도달할 수 있는 목표를 위해 전력을 기울이는 것이다.

사회 체제를 과일나무에 비교한다면 사람의 힘이 미치는 한도는 나무는 그대로 두고 좋은 과일이 열리도록 약간의 가지치기를 해 주는 정도이다.

그러한 개량, 개선을 생각해야지 갑자기 과일나무를 뿌리째 뽑고 어떤 열매가 열릴지도 모르는 묘목을 심는 것처럼 무모함을 넘어선다면 범죄행위라고까지 할 수 있을 것이다.

개인주의, 사유재산, 부의 축적, 자유경쟁은 온갖 시행착오 끝에 도달한 높은 가치가 있는 법칙이며 사회적으로도 가장 훌륭한 과실을 맺을 수 있는 확실한 법칙이다.

물론 이런 법칙들은 완벽하지 않아 그것에 기반을 둔 활동이 불평등이나 불공평이라는 결과를 초래하고 있다는 것도 부정할 수 없다.

현재의 사회제도와 그것을 운영하는 법칙이 아무리 불완전하게 보인다고 하더라도 이 사회 조직과 법칙은 인류가 만들어냈고 현재 기능을 하는 체제로서는 틀림없이 제일 나은 방법이다. 그것은 과거로부터 현재에 이르기까지 시간의 흐름 속에서도, 또한 지구 위에 현존하는 온갖 정치, 경제의 체제와 비교하더라도 확실하게 알 수 있는 일이다.

다시 반복해서 말하지만, 현재의 사회체제를 근본부터 파괴하거나 조직의 우두머리를 암살해서는 절대로 안 된다.

부는 어떻게 사용해야 하는가

*

 오랜 기간의 노동 결과로서 가족의 생활을 평온하게 유지하고 자식들의 교육을 위한 정도의 저축은 개인의 존엄성을 확립하는 데 필요한 조건 중의 하나이다. 사람들이 그러기 위해 저축을 하는 것은 개인의 이익이 될 뿐만이 아니라 사회 전체의 이익이 된다.

 그러나 우리가 현재의 사회 체제를 시인하는 이상 재능이 있고 행운이 따르는 사람에게 필요한 이상의 축적이 이루어지고 있다는 것도 사실이다.

 그러나 여기서 내가 말하고자 하는 것은 부자들이 축적한 부를 어떻게 사용하는 것이 가장 바람직한가에 대해서이다.

 부자가 부를 어떻게 사용할 것인가에 주의를 기울이는 것은 현재의 사회 체제를 시인하는 데도 매우 중요한 일이다.

거액의 부를 처분하는 방법은 크게 세 가지로 나눌 수 있다.

> 첫째, 부를 유족과 자손에게 남겨준다.
> 둘째, 사회 공공을 위해 부를 기증한다.
> 셋째, 부의 소유자가 자신이 살아 있는 동안에 자신의 경험을 살려 공공을 위해 운영한다.

과거는 별개로 지금 내가 아는 한에서는 소수 손에 집중된 부는 대부분의 경우 첫째나 두 번째 방법으로 처분됐다. 이에 대한 내 생각을 다음에서 전하기로 하겠다.

자손에게 옥답을 남기는 것은 어리석은 행위이다

✳

 거액의 부를 자손을 위해 남기려고 하는 것은 결과적으로 어리석은 행위이다. 군주정치 체제의 나라에서는 부동산을 시작으로 조상의 재산 대부분을 장남이 물려받는데, 이것은 부모의 허영심을 만족시키는 행위이다. 하지만 현재 유럽 나라들의 실례는 그러한 풍습이 원하는 성공을 가져다줄 가능성이 거의 없다는 것을 증명하고 있다.

 재산을 물려받은 자손이 어리석은 사람일 경우에는 멋대로 자산을 탕진하거나 운영을 잘못해서 큰 손실을 보아 오히려 막대한 부채로 고통을 받는 경우가 많다.

 영국에서는 귀족을 위한 재산 상속법이라는 법률까지 만들어 귀족의 재산 상속을 보호하고 있는데, 실제로 선조로부터 물려받은 토지는 온갖 명목으로 타인의 손에 넘어가고 있다.

공화정치 체제를 취하는 나라에서 자식들에 대한 재산의 분배는 장자 상속을 원칙으로 하는 나라와 비교할 때 공평하다고 할 수 있다. 하지만 어느 쪽이든 재산을 상속받은 자식이 재산을 늘리는 것은커녕 후대에 물려주는 일조차 드물고, 많은 사람이 물려받은 재산 전부를 다 탕진해 버리는 경우가 대부분이다. 그 결과는 장자 상속이나 형제들에게 똑같이 상속해 주었을 때나 마찬가지 결과가 되는 경우가 많다. 만약 그것이 자식에 대한 사랑에서 비롯된 것이라면 정말로 잘못된 애정이다.

부의 기증에 대하여

※

 부의 처분 방법의 하나는 재산을 공공 기관 등에 기증하는 것이다. 하지만 그 내용을 자세히 들여다보면 만족할 수 있는 결과를 거두고 있는 곳은 거의 없다고 장담할 수 있다. 반대로 어느 정도의 결과를 올리고 있는 곳이 있다고 하더라도, 만약 기증자가 생전에 자신의 부를 적당한 기관에 기부하고 스스로 그 운영에 책임을 진다면 훨씬 큰 효과를 거둘 수 있다. 부의 운영은 그 부를 축적한 사람이 가장 많은 경험과 지식을 통해 더욱 많은 결과를 창출해 낼 수가 있다.

 부를 운영하는 것은 부자의 권리임과 동시에 책임이기도 하다. 왜냐하면, 축적된 부를 진정으로 사회를 위해 도움이 되도록 사용하는 어려움은, 부를 축적하는 어려움과 비교해 전혀 뒤지지 않기 때문이다.

  사업에 성공하고 부를 축적하여 인생의 좋은 결과를 얻었다고 하더라도 축적된 부를 운영하는 책임을 포기하고 제삼자에게 떠맡기고 이 세상을 떠나는 것은 부의 활용 책임을 다한 것이라고 할 수 없다. 부자로서의 당연한 의무를 다했다고 할 수 없다. 즉, 기부는 대부분의 경우 무조건 칭송할 만한 것이 못 된다.

상속세에 대하여

※

오늘날 몇몇 나라에서 새로운 세제를 개편하고 세율을 개정하여 거대한 유산을 상속한 사람에게 상속세를 부과하는 움직임을 볼 수 있다.

나는 이것이 매우 바람직하다고 생각한다. 예를 들어 펜실베이니아 주에서는 약간의 예외를 제외하고 유산에 10%의 세금을 부과하게 되어 있고, 얼마 전 영국의 국회에서 제시된 예산안 속에는 유산 상속세에 의한 수입을 늘리자는 계획이 있었다.

이 계획에서 주목해야 할 것은 수입의 증가를 세율의 증가에 따르지 않고 누진 세율을 적용해서 상속재산이 클수록 부담해야 할 세금의 비율이 높아지도록 하는 것이다.

온갖 조세 중에서 이처럼 상속세만큼 공평하고 현명한 조세는 달리 없을 것이다. 어떤 사람이라도 사회에 의해 살고 사회에 존재함으로써 부를 축적할 수 있다.

이 점을 망각하고 그 사람이 이기적인 생활을 일관한다면 비록 부자라 불리더라도 가치가 없는 생활을 한다고 해야 할 것이다.

죽음을 앞두었을 때 국가가 무거운 세금을 부과하여 부 일부를 사회에 환원하는 것은 도리에 어긋나는 것이 아니라 자연스러운 도리이다.

부자라 불리는 사람이 죽으면 가족들이 그에 걸맞은 생활을 할 수 있을 정도의 자산 상속에 대해서는 세금을 부과하지 않는다. 하지만 그것을 초월한 부분에 대해서는 세율을 높이고 누진세율을 적용하여 많은 부분을 사회의 재산으로 환원시켜야 한다.

누진세율을 적용한 상속세법이 일반화된다면 거액의 자산을 가진 부자들은 자신의 자산을 자신이 살아 있는 동안 적절하게 처분하려 할 것이다. 또한, 그 용도는 필연적으로 세금으로서 충당하지는 않고 유익한 용도로 사용될 것이다. 이것은 사회의 진보와 발전에 있어 매우 바람직하다.

상속세에 대해서는 그것이 기업 경영에 악영향을 끼치거나 사람들이 저축하고자 하는 의욕을 잃게 하는 것이 아닌가 하는 걱정을 하는 사람들이 있는데, 그런 걱정은 전혀 필요 없다. 왜냐하면, 거액의 자산을 남기고 자신이 죽은 뒤에도 그 이름을 후세에 남기고자 하는 사람은 상속 세액이 클수록 그 금액이 사람들의 주목을 받는다는 것을 염두에 두고 지금 이상으로 부의 축적에 노력할 것이기 때문이다.

생존 중의 부의 운영

*

 부자라 불리는 사람이 자발적으로 자신의 부를 사회를 위해 제공하는 것은 현재 부의 불공평한 분배, 조금이라도 공평한 방향으로 가까워지기 위함이다. 또한, 그로 인해 자기의 노력과 재능과는 상관없는 빈부의 격차를 줄이고 조화의 시대를 창출하는 것이 된다.

 그것은 공산주의자들이 주장하는 것처럼 현대 문명을 뿌리째 뒤집으려고 하는 폭동에 의한 것이 아니라 이성과 지성에 의한 것이다. 그것은 현 상태에서 한 걸음 더 나아가 유토피아에 이르는 유일한 방법이다.

 이런 부의 운영 방법은 오늘날의 완전한 개인주의를 기반으로

한 것이며 법률과 규칙을 통해 그 방법과 범위를 한정하는 것이 아니다. 사회의 진보와 요구에 따라 항시 가장 적당한 방법을 생각하고 단계별로 실행에 옮기면 된다.

이 방법이 완전하게 실행된다면 부자가 가진 거액의 재산은 모두 사회 공동의 이익을 위해 쓰이게 되기 때문에 실제로 그 자산은 사회가 소유한 자산과 다르지 않다. 또한, 부를 창출해내는 단계에서는 부를 분산시켜 규모를 작게 해 버리면 효율이 떨어지지만, 유능한 사람의 손에 집중시켜 사용한다면 사회의 발전을 위해 크게 이바지할 것이다.

이것은 조세 등의 영세한 자금을 모아 거액의 자금으로 만든 다음, 이것을 공공의 목적에 사용함으로써 국민에게 큰 이익을 가져다주는 것과 본질에서 다르지 않다. 만약 모인 자금을 공공의 목적에 사용하지 않고 공평하게 똑같이 나눠준다면 대부분의 경우 그 자금은 먹는 데 낭비되어 사회를 위해서는 아무런 도움도 되지 않을 것이다.

몇 년 전에 한 유명한 부자가 죽으면서 뉴욕 시에 5억 달러라는 거액을 도서관 건립을 위해 기부한 것이 기억에 생생하다. 그러나 이 사람은 만년에 경영하는 사업에서 분쟁이 끊이지 않아 자주 여론의 비난을 당해야만 했다. 만약 그가 죽은 다음이 아니라 생전에 도서관 건립을 위한 자금을 기부했더라면 사회가 그를 보는 시선이 완전히 달라져 분쟁으로 인한 고민을 하지 않아도 되었을 것이다.

어쨌거나 그 덕분에 세상의 거의 모든 책이 다 있는 도서관을 국민들은 돈 한 푼 내지 않고 이용할 수가 있게 되었다. 이 도서관을 이용할 수 있는 범위 안에 사는 청년들에게 끼칠 영향을 생각해보고, 또한 5억 달러를 시민이 공평하게 나누어 가졌을 때를 생각해보면 어느 쪽이 사회를 위해 유익한 것인지는 두말할 필요가 없을 것이다.

부를 가진 자의 행복과 의무

※

　사람이 일생 부를 접할 기회는 결코 많다고 할 수 없다. 하지만 그런 와중에서도 부자만이 맛볼 수 있는 만족감과 행복이 있다. 그 행복이란 자신이 살아 있는 동안에 공익을 목적으로 재단법인을 조직하여 기본 재산을 기부하는 것으로, 그곳에서 창출된 이익을 가지고 사회가 영구적으로 이익을 나눠주는 모습을 자신의 눈으로 확인할 수 있다는 것이다. 그런 행위가 부자의 삶을 고상하게 해주고 신성한 것으로 만들어 줄 수 있다.

　예수는 "너희는 형제들을 위해 일하라."라고 가르쳤는데, 이 마음을 절대 잊지 않는다면 부자가 그 부와 자기의 능력을 이용하여 가난한 형제들을 위해 일할 방법은 얼마든지 있다.

내가 부자라고 불리는 사람들의 의무라고 여기고 있는 것은 다음과 같은 것들이다.

먼저 아무리 많은 수입을 올리더라도 사치를 피하고 항상 소박한 삶을 살 것을 마음에 새겨야만 한다. 자신의 재산 중에서 후손들이 생활을 꾸려갈 수 있을 정도의 돈만을 유산으로 물려주고 그것을 넘는 재산은 사회가 맡겨놓은 재산으로 우연한 기회에 자신이 그 관리자로 선택받았다고 생각해야만 한다. 재산의 운영을 할 때는 언제나 자신이 신탁자로서 어떻게 하면 사회의 이익이 될 수 있을까를 고려하고 행동해야만 한다. 그것은 신탁 재산의 관리자로서 당연한 의무이다.

자신이 신탁 재산의 관리자로 선택받은 것은 자금을 운용하기 위한 지식, 재능, 경험이 사회로부터 인정을 받은 결과라는 것을 인식하고 사회의 개개인들이 운영하는 것보다 뛰어난 성과를 거둘 수 있도록 항상 노력해야만 한다.

물론 이러한 논의는 어려운 문제이다. 가족에게 남길 작은 유산이란 어느 정도를 말하는지를 여기서 숫자로 밝히는 것은 타당하지 않을 것이다. 그것은 본인의 처지에 따라 다를 것이고 처지가 다르면 표준 또한 달라진다. 예를 들자면 이런 문제에 명확한 경계와 표준을 설정하려고 하는 것은 그 사람의 품행, 취미, 인격의 정도를 논의하는 것이기 때문에 모든 사람이 이해할 수 있는 결과를 얻을 수가 없다.

물론 말은 이렇게 하지만 사회의 일반적인 상식과 관습에 따라 대략적인 기준을 정하는 것은 그리 어려운 일이 아니다. 사회의 상식과 관습에서 벗어난 행위는 비록 표면적으로는 아무렇지 않더라도 뒤에서는 사람들의 반감을 살 수 있다. 사치스러운 복장과 저급한 취미에 대한 사회의 평판은 대단히 예민하다.

진정한 자선 행위란

*

 부의 운영 방법에 대해서는 상속과 기부에만 의존하지 말고 자신의 책임으로 생존하는 것이 가장 바람직하다는 것은 이미 말했던 것과 같다. 그리고 현명한 사람만이 부를 적절하게 활용할 수 있다. 달라는 대로 기부에 응한 결과를 생각하지 않거나, 또한 혜택을 받는 사람들이 어떤 사람들인지를 생각하지 않는 무용지물과도 같은 자선행위에 열중하는 것은 사회에 있어서도 절대로 유용한 행위라고 할 수 없다.

 자선이라 칭하는 행위 대부분은 그것을 받아들이는 사람의 게으름을 조장하고 술꾼을 만들고 태만을 장려하는 것과 차이가 없다. 이러한 아무 쓸모도 없는 행위에 막대한 돈을 투자한다면 오히려 그 돈을 바다에 던져버리는 것이 사회를 위해 도움이 될 것이다.

오늘날 미국에서 자선사업을 위해 쓰이고 있는 1000달러 중의 990달러는 잘못되어 있다.

최근 내가 목격한 실례를 들어보기로 하자. 한 철학자가 친구를 방문하기 위해 거리를 걷다가 다가온 거지에게 25센트를 준 적이 있다. 이 철학자는 거지가 어떤 사내인지, 평소에 무슨 일을 하고 있는지, 그에게 준 25센트가 어떻게 사용될지 아무것도 몰랐다.

그는 자비를 베푼다는 자신의 감정을 만족하게 하기 위해 귀찮게 달라붙는 거지에게서 벗어나기 위해 25센트를 던진 것이다.

이 철학자는 원인이 있으면 반드시 결과가 있다고 한 바로 그 유명한 하버드 스펜서의 제자였는데, 25센트가 원인이 되어 어떤 결과를 초래할지 생각하지 않은 것이다. 하지만 이 일로 그를 책망하는 것은 가혹한 일일지도 모른다. 대부분의 사람은 자선이란 그저 돈을 주는 것으로 생각하고 있는 것이다.

사회에 도움이 되는 진정한 자선

*

 자선을 하고 사람들에게 무언가를 주는 사람이 제일 먼저 생각해야 할 것은 본인 스스로 노력하고 있는 사람을 도와주어야 한다는 것이다.

 자신의 삶을 개선하기 위해 노력하는 사람에게 그 수단이 될 수 있는 일부를 도와주는 것이야말로 진정한 자선이고, 손만 내밀고 기다리는 사람을 돕는 것은 자선이 아니다. 향상심이 있는 사람만을 부분적으로 도와주어야 하며 모든 것에 도움을 주는 행동을 해서는 안 된다.

 처음부터 자존심이 있는 사람이라면 전혀 상관이 없는 사람에게서 무상의 도움을 받아 무언가를 해낸다는 것은 부끄러운 일이라고 생각하는 것이 보통이다.

도움을 받을 가치가 있는 사람이 자발적으로 제삼자에게 도움을 청하는 일은 거의 없다고 해도 과언이 아니다. 진정으로 가치가 있는 사람이 제삼자에게 도움을 청하는 것은 불시의 재해를 만났거나 갑작스러운 변화에 대응할 수 없는 경우뿐이다.

주의하면서 착실하게 일하는 사람을 보면 일시적으로 작은 도움만 주어도 큰 성과를 거두는 경우가 적지 않다. 본인 스스로 깨닫고 도움의 손길을 뻗어 주는 것이 바람직하지만 어디까지 도와주는 것이 적당한지는 도움을 받는 사람의 사정에 대하여 가능한 한 자세하게 알아야 할 필요가 있다.

장난삼아 자선을 베풀거나 가치가 없는 사람을 돕지 않는 것도 가치 있는 사람을 도와주는 것과 마찬가지로 필요한 일이다. 아무것도 확인하지 않고 상대가 원하는 대로 도움을 주는 것은 힘을 주어서는 안 되는 사람에게 힘을 주는 것이고, 힘을 주어야 하는 사람을 무시하는 결과가 될 것이다.

부자의 도움이 사회에서 가장 필요한 분야는 장학금제도처럼 사람들이 높이 올라갈 수 있는 디딤돌을 만들어주는 것이다. 그리고 그 디딤돌의 이용이 허락된 사람은 스스로 높은 곳에 올라가기 위해 노력하는 사람에 한해서이다. 또한, 무료로 이용할 수 있는 공공시설, 예를 들어 도서관, 공회당, 공원, 미술관 등을 제공하는 것

또한 부자들의 책임이다.

왜냐하면, 이러한 시설의 건설을 세금에만 의존하다 보면 우선순위에 밀려 실현되기가 어렵기 때문이다.

부를 가지고 죽는 것은 불명예이다

✼

 이렇게 부자들이 노력을 지속한다면 빈부의 문제는 시간과 함께 자연스럽게 해결이 된다. 이 방법의 장점은 부를 창출하는 방법 중에 가장 효율적인 현재의 방법은 그대로 두고 창출해낸 부의 배분 방법도 바꾸지 않고 사회질서의 원천인 개인주의도 존속시키는 데 있다.

 사려가 깊고 사회의 진보와 발전을 위해 열심히 일하는 사람의 손에 모인 부는 부자 개인적인 이익이나 향락을 위해서가 아니라 공공의 이익을 위해 이용되고 사회조직은 급속도로 발전하게 된다. 그리고 그 징조는 이미 나타나기 시작했다.

 자신이 죽은 뒤에 재산의 대부분을 공공을 위해 기부하는 사람은 아직은 그 행위로 인해 사회로부터 칭송을 받거나 비웃음을 사지는 않는다. 그러나 자신이 살아 있는 동안에 자신의 부를 제대로 운영하지 못하거나, 그렇다고 해서 많은 부라고 할지라도 천국은 물론 지옥에도 가져갈 수 없으므로 어쩔 수 없이 기부하게 되었다는 사실이 알려진다면, 그 부자의 죽음에 단 한 사람도 눈물을 흘리거나 조의를 표하고 존경을 표하는 사람이 없어지는 날이 도래할 것이다.

사람들은 그런 부자의 죽음에 이렇게 조의를 표할 것이다.

> **"부를 가지고 죽는 것은 진정한 불명예이다."**

"수많은 사람이 나무에서 떨어지는 사과를 본 적이 있지만,
'왜'라는 질문을 던진 사람은 오직 '뉴턴' 뿐이었다."

-버나드 바루크

2.
부를 사회에 **'환원'** 시키는 제일 나은 방법

"한 번도 가보지 않은 곳에 간다는 것은 매우 큰 용기가 필요하다.
자신의 한계를 시험하고 장애물을 극복하는 기회가 되기 때문이다."

누구를 도울 것인가?

*

 앞 장에서 나는 여유 재산을 이용하는 방법은 단 한 가지밖에 없다고 설명하였고, 부자는 사회에 이익을 환원해야 한다고 했다. 그렇다면 이제 가장 현명한 방법이 무엇인지 생각해 보기로 하자.

 누군가의 청을 받아들이는 것은 진정한 자선이라 할 수 없다. 그것은 기부를 요구하는 상대가 거리에서 구걸하는 거지나 사회적으로 높은 지위를 가지고 있는 자선단체라도 마찬가지이다.

 자선행위를 한다는 것은 책임이 동반되는 행위이다. 자선을 하는 사람은 그 행위를 통해 도움을 받은 사람을 결과적으로 추락시키는 일이 되지 않도록 주의를 해야 하는 행위에 대한 의무를 고려한 적이 있는가?

예를 들어 가난한 사람들에게 생활을 위한 자금을 매주, 혹은 매달 지원해 주고 그들에게 안심감을 준다면 그 결과가 어떻게 되겠는가? 그들은 주어진 원조에 감사하며 생활에 희망을 품고 기술을 습득하여 더욱 나은 생활수준에 도달하기 위해 최선을 다해 노력하며 일을 할까? 아쉽게도 인간의 본성은 그렇게 되어 있지 않다. 그들은 당장에 땀 흘려 일하기를 포기하고 나태하게 시간을 보내며 얼마 안 되는 수입을 술과 도박으로 낭비하면서 원조금이 적다는 불평을 토로할 뿐이다.

대도시의 거리에는 저축하지 않고 수입과 상관없이 헛되이 낭비하며 놀기는 좋아하지만 일하기는 싫어하고, 생활을 개선할 의욕이 없이 인격을 잃어버린 사람들을 쉽게 찾아볼 수 있다.

그들을 시대의 흐름을 타지 못한 불쌍한 낙오자라 여기고 부자들이 막대한 지원을 하여 정직하게 일하는 시민으로 개조하려고 해도 성공할 수가 없다. 이러한 부랑자들은 자선의 이름에 어울리는 대상이 아니므로 나라와 시가 건설하고 있는 시설에서 의식주를 제공해 주고 일반 시민들과 격리해야 한다.

그들의 생활방식은 악성 전염병과 같은 것이다. 우리 사회에는 가난한 생활을 하며 생각이 미천한 사람들이 많다. 그런 사람들은 눈앞의 자선단체의 원조물품에 의지한 채 일하지 않고 살아가는 사람이 많으면 자신들도 그들의 흉내를 내서 일하지 않고 먹고 살 수 있으면 좋겠다는 생각을 한다. 이렇게 타인의 원조에 의지하는 삶을 부끄러워하지 않는 사람들은 사회에 엄청난 독을 흘려보내는 존재이다. 그들을 공공시설에 수용하여 의식주를 제공하는 것은 자비 때문이다. 열심히 일하는 가난한 사람이 그들처럼 나쁜 습관에 물들게 해서는 안 된다.

사회주의자들은 공리공론을 가지고 사회의 질서를 파괴하려 한다는 질책을 받고 있는데, 나도 사회주의자들은 인류의 진화를 저해하는 요인이라고 생각하고 있다. 하지만 20명의 사회주의자보다 한 명의 부랑자가 사회에 끼치는 피해가 훨씬 더 크다.

의존심이 강하고 모든 것을 타인에게 맡기고 자신의 생활이 불편한 것을 타인의 책임으로 돌리는 사람들은 도와줄 필요가 없다. 부자가 그들의 삶을 도와주어야 하는 대상이 아니다. 자신의 미래에 희망을 품고 일과 공부에 전념하면서 가난하지만, 의욕이 있어 성공을 바라고 노력을 게을리하지 않는 사람들이야말로 도와줄 가치가 있는 사람들이다. 열심히 자기 자신을 위해 노력하는 사람이야말로 도와줄 가치가 있으며 그 결과가 사회의 이익으로 이어지는 것이다.

자선사업에 종사하는 사람들은 자신들의 행위가 사회에 해를 입히고 있다는 것을 똑바로 인식해야 한다. 상대가 그저 생활이 궁핍하다는 이유만으로 가볍게 원조를 지속한다면 결국 원조를 하는 사람의 생각과 정반대의 결과를 초래하게 된다. 그러한 자선사업이라면 아무것도 하지 않는 것이 사회를 위해 훨씬 바람직하다.

누군가가 원조를 요구하였을 때, 만약 그에 응할 의사가 있다면 그 사람은 수표를 끊기 전에 도움을 청하는 이유를 확실하게 들어주어야만 한다. 그 대답이 명확하지 않다면 결코 원조를 해주어서는 안 된다. 그것은 부자의 의무이다.

내가 미국 부자들의 자선에 대한 사고방식과 행동을 관찰한 결과, 미국의 부자들은 자선행위를 하지 않는 것이 아니라 그저 요구에 응하면서 아무런 생각도 없이 자선행위를 하는 것에 불과하다. 아무것도 생각하지 않는 경솔한 자선행위가 바람직하지 않다는 것은 몇 번이고 지적한 바 있다. 아쉽게도 나는 오늘날 자선을 위해 사용되고 있는 1000달러 중의 990달러는 바다에 던져버리는 것이 사회를 위해 훨씬 바람직하다고 믿고 있다. 이제 부자들에게 경솔한 자선행위를 하지 말도록 강하게 요구하는 것이 자선을 위해 기부를 요구하는 것보다 인류의 발전에 더욱 도움이 될 것이다.

해설

**카네기는 사회사업을 위해 막대한 재산을 지속해서 기부하였지만, 자선 사업단체로부터 기부 요청이 있을 때는 대부분 거절을 했다. 카네기는 자선에 사용되는 1,000달러의 돈 중에 990달러는 바다에 버리는 것이 사회를 위한 것이라고 단언했다.

카네기가 걱정했던 것처럼 지나친 자선과 사회보장이 나라의 활력을 저해한다는 사실은 누가 보더라도 명확했다. 실제로 미국에서는 3대가 지속해서 사회보장에 의한 원조를 받고 있는 가족이 있다는 믿기 어려운 보고까지 있다.

그렇다면 카네기는 가난하고 불행한 사람을 이해하지 못하는 불손한 측면이 있는 신흥 부르주아에 지나지 않았던 걸까?

카네기가 제철사업에 뛰어든 지 얼마 되지 않았을 때 거래처 탄광에서 폭발사고가 일어난 적이 있었는데, 동료를 구하기 위해 탄광으로 뛰어들었다가 사고의 희생자가 된 용감한 감독이 있었다. 신문 보도를 통해 이 사실을 알게 된 카네기는 이 감독의 용기를 칭찬하며 스스로 나서서 유족에게 연금을 보내 주었다.

카네기는 이후로도 자신이 경영하는 모든 공장에서 일하는 사람들을 대상으로 현재의 노동자 산재보험에 해당하는 시설을 설치하여 사고로 일할 수 없게 된 노동자와 죽은 노동자 가족에게 연금을 지급하였다. 많은 자본가가 노동자는 쓰고 버리는 것이라는 생각을 하였던 당시에 이것은 획기적인 일이었다. 이렇게 해서 카네기 스틸에서 일하는 노동자들은 노동 재해에 대해 걱정을 할 필요가 없게 되었는데, 카네기는 이것을 경영자의 당연한 의무라고 여겼다.

자선사업을 잘못하면….

＊

 사회 발전의 기본은 사람들이 자립하여 각자의 책임과 권리를 통해 때로는 협력하고 때로는 경쟁하면서 서로의 생활 향상을 위해 노력하는 것이다. 하지만 오늘날 이루어지고 있는 자선사업의 실태를 관찰하면, 그 근본에는 이처럼 사회발전의 기본을 가치가 있는 것으로서 소중히 여기는 것과 사람들이 자립하여 각자의 책임과 권리를 존중한다는 생각은 어디에서도 찾아볼 수가 없다.

 우리 사회에는 수많은 자선단체가 있고 그들은 사회에 해로운 사업을 위해 해마다 거액의 기부금을 모금하고 있다. 가난한 사람들에게 옷과 먹거리를 제공하면 그만이라고 생각하고 거저 주는 것을 반복하기만 한다면, 가난한 사람들에게 자선사업에 의지하며 무위도식의 삶을 살라고 가르치는 것에 지나지 않는다. 다시 말해 그런 자선사업은 해마다 의존심이 강한 부랑자를 만들어 내는 사업에 막대한 돈을 퍼붓고 있는 것이다.

무분별하고 안이한 기부를 반복하는 것은 자비라는 가면을 쓴 채 나쁜 행동을 덮어버리기 때문에 자선사업의 실태를 모르는 사람들에게는 부자들이 간단히 기부만 반복하는 행위를 위로하고 칭송한다. 하지만 한 명의 부랑자에게 옷과 먹거리를 베푸는 것은 언젠가 백 명의 부랑자를 만들어 내는 어리석은 행동이라는 것을 알아야 한다.

사람들은 부자가 자선단체에 기부하는 것도 자선단체가 부자에게 기부를 요구하는 것도 이상하게 생각하지 않지만, 정작 그들의 행위는 부랑자가 거리의 행인들에게 동전을 구걸하는 것과 본질에서 차이가 없으며 사회에 퍼뜨리는 유해함은 그 인구수가 많은 만큼 더욱 강렬하다.

내가 자주 읽던 『플루타르코스』의 '모랄리아'에는 이런 구절이 있다.

"한 거지가 행인의 소맷자락을 붙잡고 적선을 부탁했다. 그러자 행인은 이렇게 대답했다. '제일 처음 자네에게 동전을 준 사람이 있었기 때문에 자네는 게으름뱅이가 되었고, 지금처럼 비루하고 부끄러운 줄 모르는 생활을 하게 되었지. 지금 내가 동전 몇 닢을 자네에게 준다면 자네는 앞으로 지금보다 더 초라한 거지가 될 거야.'"

나는 미국의 부자라 불리는 친구들이 많다. 그들의 대부분은 자선사업을 열심히 하지만 그들이 하는 일들은 플루타르코스의 가르침에서처럼 '초라한 거지'를 만드는 결과로 이어진다는 사실을 아는 사람은 거의 없다.

'자선'이라는 것의 실태를 생각해 해마다 거액의 자금을 자선사업에 기부하고 있는 부자들이 사회를 위해 좋은 일을 하는 것이 아니라 오히려 나쁜 일을 하고 있다는 것을 깨닫게 된다면 자신을 부끄럽게 생각할 것이다.

해설

**카네기가 싫어했던 기부 중에 하나는 종교단체에의 기부이다. 카네기는 이 사회를 만든 유일신이 존재한다는 것을 믿었다고 하는데, 자신이 죽으면 육신은 흙으로 돌아가고 영혼은 우주와 하나가 된다고 생각하였다. 따라서 내세에 천국을 바라는 종교 활동에는 전혀 관심이 없었다.

카네기가 종교시설에 한 기부로는 작은 교회에 오르간을 보내주는 것 정도였다. 카네기는 일정한 기준을 정하고 그에 맞는 교회라면 종파와 상관없이 요청이 있으면 오르간을 기부했는데, 기부금 전액이 아니라 2/1만을 오르간 공장의 청구서를 첨부한다는 조건을 달았다. 또한, 오르간에는 카네기라는 이름을 새겨 넣는 것을 금지하면서 이름을 알리는 행위를 경계하였다(카네기 홀이라는 명칭은 속칭으로 불리던 것이 훗날 정착된 것이다).

그래서 기부한 오르간의 숫자에 대한 기록이 전혀 없지만, 미국, 유럽을 통틀어 수만 대에 달하는 엄청난 숫자의 오르간을 기부하였다. 카네기의 이런 기부는 교회의 공공성을 돕기 위함이었기 때문에 카네기 자신은 종교 활동이라고 전혀 생각하지 않았다.

교육, 문화 사업을 생각하다

※

 교육 사업에 대한 기부와 원조는 세계 여러 나라에 그 예가 많지만, 최근 스탠퍼드 씨가 종합대학 설립을 위해 한 기부는 그 규모 면에서 유래를 찾아볼 수가 없다.

 스탠퍼드 씨는 먼저 설립을 위한 기금으로 2천만 달러를 제공하였는데, 소문에 의하면 건축설계 비용만으로 1천만 달러가 필요하다고 한다. 이 구상이 실현되기만 한다면 사회에 얼마나 많은 이익을 가져다줄지 상상을 초월하는 것이다. 부의 운영방법으로서 가장 이상적인 것이라 할 수 있다.

 미국에는 존 홉킨스 대학, 코넬 대학, 파카 대학 등 대학에 개인의 이름이 붙어 있는 곳이 많다. 이 대학들의 건설은 극단적으로 말하자면 부자가 부를 가진 채로 천국에 들어갈 수 없으므로 어쩔 수 없이 한 것으로 사회가 한 목소리로 칭송할만한 일은 아니다.

그러나 쿠퍼 스탠퍼드 씨의 경우처럼 살아생전에 거액의 기부를 하고 대학 건설을 위해 많은 시간을 할애하여 건설과 경영의 책임도 부담했다는 것은 그야말로 칭찬할 가치가 있는 일이다.

현재 미국에는 이미 많은 대학이 있기 때문에 앞으로는 부자의 이름을 딴 신흥 대학을 창설할 필요는 거의 없다. 하지만 그렇다고 해서 부자들이 대학 교육에 흥미를 잃어서는 안 된다. 앞으로는 기존 대학을 확장 발전시키는 것이 더욱 바람직하며 대학에 대한 원조는 부를 운영하는데 가장 바람직한 방법의 하나이다.

또한, 부자에게 그럴 의사와 능력이 있다면 최근 눈부신 발전을 거듭하고 있는 자연과학 분야에 대한 원조도 매우 뜻깊은 일이 될 것이다. 그 예를 하나 들어보기로 하자.

문화사업의 일면으로 천문학이 있다. 최근 리 씨의 원조로 태평양 연안에 새로운 천문대가 건설되었다. 만약 부자 중에 천문학에 조금이라도 관심이 있다면 리 씨처럼 이 분야에 원조하면 좋을 것이다. 왜냐하면, 최근의 천문학 지식과 관측기기의 발명, 개량은 눈부실 정도로 빠르므로 천체의 운행에 관한 지식을 보다 정밀한 것으로 만들기 위해서는 몇 년마다 새로운 기능을 갖춘 거대한 천체 망원경을 설치할 필요가 있다.

우리 가족이 미국에 이민해온 첫 도시인 앨리게니에는 천문대가 있었는데, 천체의 운행을 관측하고 있다. 이것은 피츠버그의 대부호 소우 씨가 건설과 운영에 필요한 자금의 부담을 계속해서 지원한 덕분이다. 세계적인 천문학자로 유명한 랭글리 교수의 연구자금을 지원한 것도 소우 씨다.

또한, 현재 세계 주요 천문관측소에 설치된 정밀 천체망원경을 필두로 수많은 관측 기기는 피츠버그의 브래셔 씨가 제조한 것이다. 브래셔 씨는 원래 기계 직공이었지만 발명에 재능이 있는 것을 안 소우 씨의 도움을 받아 천문관측기기를 제조하게 되었고 그 지식을 바탕으로 대학에서 천문학 교수가 되었다.

이처럼 소우 씨가 세계적으로 명성이 자자한 천문학자 두 명을 도와준 덕분에 두 사람은 서로 협력을 통해 온갖 천문학상의 발견을 하였고, 미국 천문학의 세계를 높여주는 데 성공할 수 있었다.

공원, 식물원의 건설과 도시의 미관

*

 휴일에 사람들이 즐겨 찾는 공원 등의 설비 등을 만들어 자신이 태어나고 자란 도시에 기증하는 것은 자기 자신을 기념하는 방법으로써 가장 훌륭한 부의 활용법이다.

 또한, 공원을 기증받은 시로부터 그 답례로 공원에 기증자의 이름을 붙여주는 것도 바람직하다. 예를 들어 피츠버그 시에 셴리 공원을 기증한 셴리 부인의 경우를 살펴보자. 셴리 부인은 피츠버그에서 태어나 어린 시절을 그곳에서 보냈고, 10대 때 영국인과 결혼하여 런던에서 40년을 산 부인이다.

 그런데 40년이 지나도 여전히 고향을 그리워하며 피츠버그 시에 셴리 공원을 기증한 것이다. 이렇게 하여 그녀의 이름은 고향 사람들의 기억 속에 영원히 남게 되었다.

이미 공원이 있는 도시에도 부자들이 자신의 부를 유효하게 사용하는 방법이 있다. 앨리게니 시의 핍스 씨는 이 도시의 공원에 식물원을 세워 기증하였다. 이 식물원은 일요일만 공개를 하므로 많을 때는 일요일에 수천 명의 노동자와 그 가족들이 계절의 꽃과 진귀한 외국의 식물 등을 즐기기 위해 식물원을 찾고 있다.

부자 중에는 화초에 취미가 있는 사람이 매우 많은데, 그 취미를 자신의 정원을 넘어 공원 안에 공공의 시설로 만들어 수많은 시민과 함께 취미를 즐길 수 있게 해주는 것도 매우 유익한 일이다.

게다가 핍스 씨는 기부의 비결을 잘 아는 사람이다. 그것은 식물원의 통상적인 유지관리비를 앨리게니 시민이 부담하게 한 것을 보면 잘 알 수 있다. 그렇게 하면 시민은 식물원이 자신들의 소유라는 것을 자각하고 항상 시설의 보존에 마음을 쓰게 된다.

만약 핍스 씨가 식물원을 유지하는 비용까지 모두 부담을 한다면 사회와 시민들은 식물원을 양호한 상태로 관리하는 데 주의를 게을리하였을 것이다.

유럽의 모든 나라의 주요 도시는 잘 가꾸어진 아름다운 공원, 도서관, 박물관, 미술관을 가지고 있다. 나는 얼마 전에 노르웨이를 여행하며 베르겐 시의 공원을 방문한 적이 있다. 북해를 서쪽으로 바라보는 이 아름다운 공원은 원래 삭막한 암반이 드러나 있던 언덕이었지만, 지금은 분수가 있고 크고 작은 폭포와 한적한 레스토랑이 있으며, 도서관, 박물관, 미술관이 자리하고 있어 시민들에게 좋은 휴식 장소를 제공해 주고 있다.

이 시설들은 모두 이 지역에 있는 한 어업회사를 필두로 베르겐 시와 연관이 있는 부자의 기부로 건설된 것이다. 이처럼 공공의 시설에 기부하는 것은 부자가 부를 활용하는 방법으로서 가장 현명한 방법인 것은 물론이고, 그 효과는 영구적으로 사라지지 않는 것이다.

도시의 미관은 그곳에 사는 사람들의 품위를 말해준다. 독일의 드레스덴 시에서는 이 도시의 신문사 사장이 죽자 해마다 신문사의 순수익 일부를 도시의 미관을 정리할 목적으로 영구히 시에 기부하기로 약속했다.

드레스덴 시에서는 미관에 관한 위원회를 설치하고 자주 회의를 열어 미관을 아름답게 할 조형물 등을 장려, 혹은 미관을 해치는 건축물 등의 철거를 권고하는 등, 필요한 경비를 이 기부금에서 지출하게 되어 있다. 덕분에 드레스덴 시는 세계에서 가장 아름다운 도시 중에 하나가 되었다. 나는 미국의 부유한 신문사 사장 또한 이 드레스덴 시의 신문사 사장처럼 되어주기를 간절히 바라고 있다.

유럽에서 오랜 역사를 가진 도시에서는 건축물들이 그 도시를

상징하는 장식인 경우가 보통이다. 따라서 건축물의 관리를 위해 지출되는 금액이 절대 적지가 않다. 이와 비교해서 미합중국에서의 물질문명의 진보는 자랑스럽고 눈부시지만, 도시의 미관과 건축물의 미술적 가치로 본다면 세계가 주목할 만한 사업이 전혀 없다. 도시의 미관과 정비는 부자들이 관심을 가지고 노력해야 할 중요한 일들이다.

해설

**잘 알려지지 않은 카네기의 독특한 기부에는 다음과 같은 것들이 있다. 캘리포니아 주 남부에 있는 팔로마 천문대는 카네기의 노력으로 건설되었다. 카네기는 천문대 건설에 필요한 비용을 기부한 것은 물론이고, 카네기 연구소에서 G. E. 헤일을 보내 천문대 건설에 관한 모든 업무를 담당하게 하였다.

헤일은 카네기의 의지에 따라 팔로마 정상에 당시 세계 최대라 불리는 100인치 반사망원경을 1917년, 카네기 사후 2년에 완성했다. 덕분에 이전까지 관측할 수 없었던 21등성까지 관측이 가능해 졌고, 인류의 우주에 대한 지식은 비약적으로 발전하였다.

팔로마 천문대의 건설과 함께 1903년에 팔로마 천문대 바로 옆에 있는 윌슨 산에도 천문대를 건설하는 계획이 결정되었다. 설치된 망원경은 구경이 팔로마의 두 배나 되는 200인치로 세계 최대의 것이었다. 카네기는 헤일에게 사업을 계속하라고 명령하였다. 윌슨 천문대가 완성된 것은 카네기가 죽고 30년이 지난 1948년으로 반사망원경의 제작비용 650만 달러를 부담한 것은 록펠러 재단이었다. 그러나 천문대에서는 카네기 연구소에서 파견되어 이 망원경 제작에 평생을 받친 헤일을 기념하여 이 망원경을 헤일 망원경이라고 명명하고 있다. 이렇게 해서 지금까지도 세계 최대인 200인치 반사망원경을 갖춘 윌슨, 팔로마 천문대가 탄생하게 된 것이다.

카네기가 원조한 독특한 것 중에는 선체와 선구 등의 금속이 모두 청동으로 된 관측선이 있다. 이 고가의 배는 나침반을 이용해서 합중국과 유럽의 해안선을 측량하는 데 사용되었다. 일반적으로는 철을 이용한 곳을 청동으로 제작한 덕분에 나침반이 철이 가진 아주 미세한 자기의 영향조차 받지 않아 대단히 정밀한 관측이 가능해진 것이다.

사람은 빵만으로는 살 수 없다.

*

 부자가 자신의 부를 공원 정비 사업에 기부하는 데 동의를 한다고 하더라도 식물원을 만들고, 미술관을 세우고, 그 밖에 도시 미관을 살리는 데 쓰는 것은 너무 과한 게 아니냐고 느끼는 독자가 있을지 모른다. 분명 이러한 것은 이상적인 것에 중점을 두었기 때문에 물질적인 이익을 직접 바라는 것이 아니다.

 그러나 도시의 미관과 미술관 등에 거금을 기부하는 것은 일반 대중을 위해서 아무 도움이 되지 않는다고 단언하는 것은 그야말로 편견이자 오해이다. 뛰어난 미술품은 도서관의 장서, 박물관의 전시품과 마찬가지로 수많은 시민 중에 소수의 뛰어난 사람들이 이것을 감상할 수 있다면 충분하다.

원래 아름다움이란, 미술이란 무엇인지, 예술이란 무엇인지를 이해할 수 있는 사람들에게 미술품에 대해 말할 필요와 의미가 없을 것이다. 하지만 공공을 위해 미술관을 건설하고 미술품을 감상하기를 좋아하는 총명한 사람들에게 더욱 훌륭한 미술품을 감상할 기회를 주는 것은 매우 의미 있는 일이다.

자연이 우리에게 선물해 준 아름다움을 수많은 시민과 함께 하는 것도 매우 뜻깊은 일이다. 예를 들어 핍스 씨가 앨리게니 시에 기부한 식물원 온실에서는 계절에 상관없이 전 세계의 아름다운 꽃들이 피어 있고 푸른 초록이 사람들의 눈을 쉬게 해준다. 이 아름다움에 감탄한 노동자는 자신의 가족과 함께 두 번 세 번 식물원을 찾게 되고, 미적 감각을 키우는 것은 그들에게는 단순히 빵 한 조각을 쥐여주는 것보다 훨씬 위대한 일이다.

왜냐하면, 건전한 신체를 가지고 그 인생을 즐길 줄 모르는 사람을 도와야 하는 것은 국가의 의무이지 개인적 차원의 문제가 아니기 때문이다.

사람은 빵만으로는 살 수 없다. 도시에 공원을 만들고, 식물원을 세우고, 수려한 건축물을 세우고, 기념비를 만들고, 분수 시설을 설치하는 것은 부의 가장 효과적인 이용방법 중에 하나라고 할 수 있다.

가치 있는 공헌의 방법

※

 부자가 자신의 부를 사회를 위해 운영하는 방법은 여기서 예를 들은 것 이외에도 여러 가지가 있다. 여기서는 내가 정당하고 유익하다고 생각했던 것 중에 일부를 제시한 것에 불과하다. 중산층 생활을 하는 사람도 생활 속에서 약간의 여유가 있다면 이 특권을 누릴 수가 있다.

 또한, 재력이 없는 사람도 시간과 노동을 제공함으로써 같은 기쁨을 누릴 수가 있다. 그리고 노동력의 제공은 금전적 제공에 전혀 뒤쳐지는 것이 아니다. 오히려 대부분의 경우에 자금의 기부보다 훨씬 가치가 있다.

 부의 현명한 운영 방법에 대해서는 여기서 설명한 바와 같고, 나는 내가 제시한 방법을 모든 부자에게 똑같이 제안하고자 하는 것은 아니다. 부를 제공하는 사람이 서로 다르고, 또는 부를 사용하는 장소가 다르다면 그 방법에서도 당연히 차이가 있는 것이다. 요컨대 자신이 하고자 하는 일에 세심한 주의를 기울이며 때와 장소에 맞는 방법을 선택해야 한다는 것이다.

지금 나는 감히 세심한 주의를 기울인다는 말을 썼는데, 부의 운영은 그 결과를 생각해 볼 때 항상 칭찬하고 비방하는 말과 행동을 초월하여 인생의 다른 모든 중요한 의무와 마찬가지로 소중한 의무라는 사실을 명심하는 것이다.

다시 말해 공원을 만들거나 식물원 등의 시설을 건설하는 것, 미술관에 전시하기 위한 그림을 수집하는 것, 혹은 기념비 등을 세우는 것은 도서관과 대학, 연구소 등에 기부하는 것은 사회의 이익이 된다는 점에서 차이가 없다.

중요한 점은 각자가 항상 사회의 동향을 살피며 자신의 욕망을 억제하고 여유가 생겼을 때 그 부를 반드시 자신이 살아 있는 동안에 사회를 위해 사용해야 한다는 것이다.

부자와 천국의 문

*

 여기서 잠시 두세 가지 종교적 문제를 살펴보기로 하자.

 성경에서 가장 잘 알려진 말 중에 "부자가 천국의 문을 통과하는 것은 낙타가 바늘구멍을 통과하기보다 어렵다."라는 말이 있다. 이 말은 과연 진실일까?

 오늘날, 과학적으로는 이것을 그냥 문제로 내버려두지 않고 연구를 통해 확실하게 밝혀지게 되었다. 기독교의 중요한 교리에 대해서도 아주 많은 해석이 이루어져 "부자가 천국의 문을 통과하는 것은 낙타가 바늘구멍을 통과하기보다 어렵다."라고 하는 잠언을 말 그대로 믿는 사람은 거의 없다.

 예수가 살아 있던 시절에는 빈부의 격차가 심하고 사회 개혁을 주장하는 사람들이 부자를 증오했던 것은 확실하다. 지금의 시대는 빈부의 격차가 더욱 커져 사회제도의 개혁을 외치는 사람들이 가난한 사람들을 선동하여 부자들을 공격하는 일이 많아졌다.

그리고 그 공격을 정당화하는 방법으로 "부자가 천국의 문을 통과하는 것은 낙타가 바늘구멍을 통과하기보다 어렵다."라고 하는 성경 문구를 인용하고 있다.

종교가는 이 잠언을 자주 인용하면서 부자는 내세에 반드시 벌을 받는다고 설교한다. 나는 그들의 말을 믿지는 않지만, "부자가 천국의 문을 통과하는 것은 낙타가 바늘구멍을 통과하기보다 어렵다."라고 하는 예수의 가르침과 내가 자주 말하는 "부를 가진 채 죽는 것은 부끄러운 일이다."라고 하는 말은 서로 일맥상통하며 거의 차이가 없다.

내가 말하는 부의 복음은 예수의 말을 현재의 미국에 맞추어서 말하고 있다. 이 부의 복음을 요약하면 다음과 같다.

"부자는 어머니인 대지의 품으로 돌아가기 전에 자신이 가지고 있는 모든 것을 처분하여 가난한 사람들을 위해 더 유익한 사업에 사용해야 한다. 그러면 부의 축적자로서 무용지물로서 삶을 마감하지 않게 된다. 이렇게 해서 최후의 순간을 맞이하면 그 죽음은 금전적으로 가난한 사람의 죽음과 크게 다를 것이 없고, 사회로부터의 존경심, 사랑, 감사, 칭송은 끝이 없으며 부를 품고 죽음에 이른 사람과 비교해서 수십 배 마음의 부자가 될 수 있다.

또한, 자신이 우연히 미국에서 태어나 부를 쟁취할 기회를 타고난 덕분에 죽어서도 이승의 아주 작은 일부나마 이것을 선덕으로 만들 수 있는 것은 천국의 존재를 믿는 사람에게는 더더욱 뜻깊은 일이 될 것이다. 이러한 부자에게는 천국의 문이 항상 활짝 열린 채로 결코 닫히는 일이 없을 것이다.

마구잡이로 부를 축적하고 그 정당한 사용 방법을 모른 채 자신의 욕망을 충족시키기 위해서만 부를 사용하는 사람들은 천국에 들어갈 수 없다고 믿어야 하고, 동시에 부의 복음의 전도사가 천국의 희열을 나눌 수 있다는 것은 의심의 여지가 없다."

제2장
부에 관한 오해

진보는 빈곤을 낳는가?

*

영국에서 네 번이나 재상이 된 글래드스턴 씨는 부가 늘어나는 것은 반드시 기뻐할 일이 아니라고 말했다. 하지만 내 경험에서 본다면 어느 모로 보나 부가 늘어나는 것은 인류에게 더없는 행복이다. 부가 늘어나면 사회를 구성하는 모든 계급이 그 혜택을 누릴 수가 있기 때문이다.

특히 노동자가 최근 들어 더 많은 배분을 받게 된 것은 나 혼자의 생각이 아니라 많은 실례를 통해 증명된 바다.

생각이 짧은 사람들은 최근 미국에 수많은 부자가 탄생하는 것을 보고 사회의 부가 소수자에게 집중되고 있다고 여기고 있다.

그러나 사실은 그와 정반대이다. 미국의 개척시대에는 소수 부자가 사회를 지배하였지만 지금은 한 번 들어온 부를 잃는 경우는 많아도 부를 창출하는 것은 대단히 어려운 일이다. 하지만 세상에는 정확한 사실은 알지 못한 채 "카네기의 성공은 동포들의 가난 위에 세워진 것이다."라고 말하는 사람들이 있다. 나는 이러한 편견에 놀라지 않을 수가 없다.

고명한 경제학자로 잘 알려진 헨리 조지 씨는 자신의 저서 『진보와 빈곤』에서 사회의 진보가 빈곤을 동반한다는 놀라운 오해를 정당한 것이라고 말하고 있다.

오늘날, 사회 경제를 논하는 학자 중에는 헨리 조지 씨의 『진보와 빈곤』이 잘못되었다고 지적하지 않는 사람이 없다. 학자들의 대부분은 『진보와 빈곤』은 완전히 오해이며 '진보와 부유'야 말로 정론이라고 말하고 있다.

헨리 조지 씨의 논거는 두 가지로 요약할 수 있을 것이다. 첫째는 부자는 더욱 부자가 되고, 가난한 사람은 더욱 빈곤에 빠진다는 것이다. 둘째는 부의 원천인 토지는 더욱 소수자에게 집중된다는 것이다.

그러나 미국에서는 그 사실이 전혀 반대이다. 부자들은 점차 가난해지고 있고 가난한 사람들은 점차 풍요로워지고 있다. 또한, 토지는 소수자의 손을 떠나 보다 많은 사람의 것이 되어가고 있다.

경제학자 알호르 씨는 자신의 저서 『50년 동안의 국가 진보』에서 "부가 소수자에게 집중되는 경향은 인정할 수 없다. 부자들의 부는 감소하고 있으며 인구와 비례하여 관찰하면 가난한 사람은 해마다 그 숫자가 줄어들고 부자는 그 숫자가 늘어나고 있다."라고 주장하고 있다.

이것은 미국의 국세조사를 보면 알호르 씨의 주장이 정당하다는 사실을 쉽게 알 수 있다. 다음은 그 일례를 들은 것이다.

● 미국 농지 총면적과 경작자

연도	경작지 총면적(에이커)	경작지 수(만 명)	평균 경작 면적(에이커)
1850	1,449,073	714	202
1860	2,044,077	1,027	199
1870	2,659,985	1,739	153
1880	4,008,907	2,992	134
1890	4,564,641	3,344	137

이처럼 토지 소유자의 수는 해마다 증가하는 반면에 한 사람이 평균적으로 소유하고 있는 넓이는 점점 감소하고 있다.

이것은 미국 뿐만의 현상이 아니라 영국에서도 법률을 통해 농지의 세분화를 방지하고 있음에도 불구하고 이런 현상을 볼 수 있다. 그런데도 여전히 조지 씨를 지지하는 사람들은 『진보와 빈곤』을 주장하려 한다는 말인가?

부자의 출현은 사회에 이익을 가져다준다

*

 세상의 경박한 평론가들은 조지 씨의 설을 인용하여 내 의견을 비난하는 일이 많은데, 고명한 사회학자이자 철학자인 허버트 스펜서 씨는 『진보와 빈곤』을 몇 페이지 읽어보고는 쓸데없는 책이라며 던져버렸다.

 조지 씨의 논점은 사회의 진보 발전이 부에 치우쳐 시민의 빈곤을 초래한다는 것인데, 내 경험을 통해 말하자면 사회의 진보와 발전은 빈곤을 동반하는 것이 아니라 오히려 시민의 생활을 윤택하게 해주는 것이다.

해설

**카네기는 『진보와 빈곤』을 읽고 조잡한 이론에 당혹스러워했다. 하지만 카네기는 이것을 무시하지 않고 자료를 통해 논파했다. 카네기가 『진보와 빈곤』을 무시하지 않고 논파한 데는 바로 이러한 배경이 있었다.

카네기가 여기서 그의 주장을 논파하기 위해 이용한 것은 어떤 논리나 이치가 아닌 실제 숫자였다. 사실을 들어 그 책의 결론이 틀렸다고 지적한 것이다. 여기서 카네기는 미합중국의 농지 면적의 변천과 저축은행의 예금 잔액, 세계 각국 노동자들의 임금 세 가지를 반론의 자료로 들었다.

카네기가 지적한 이 자료들은 100년 뒤인 지금, 최신 자료로 검증해 보더라도 틀리지 않는다는 사실을 알 수 있다. 여기서도 카네기의 시대를 앞서 가는 눈이 얼마나 정확한지를 알 수 있다.

기업이 발전하면 그곳에서 일하는 노동자의 수입은 반드시 증가하고 안정된다. 미국 공장의 노동자 대부분은 상당한 금액의 저축이 있고 자신이 사는 집을 소유하고 있다. 노동자의 저축은 많은 은행에 저축되어 있지만, 저축은행에 저금 된 금액은 그 일부에 지나지 않는다. 1890년의 통계를 보면 부자가 가장 많다고 했던 동부와 중부의 저축은행 저축 총액은 1억 2만 7,900달러이고, 이 중에서 이 해에 증가한 금액은 6,500만 달러로 되어 있다. 저축자의 합계는 약 352만 명에 달했다. 이 352만 명은 이 지역에 사는 인구 합계 1,730만 명 중의 50명이 약간 넘는 것으로, 한 집에 한 명은 은행 거래를 하고 있다고 해도 과언이 아니다.

비록 저축 금액은 얼마 안 되지만 대부분의 가정에서 조금이나마 저축을 할 수 있는 여유가 있다는 사실은 『진보와 빈곤』이 얼마나 무책임한 탁상공론에 지나지 않는지를 잘 보여주는 증거이다.

그러나 영국은 국토가 좁지만, 부자의 합계는 전 유럽을 합친 것보다 많다. 하지만 미합중국에서는 부자라 불리는 사람의 숫자가 영국보다 훨씬 더 많다.

이런 조사에서 특히 주의 깊게 살펴야 하는 것은 부자가 탄생하는 곳일수록 노동자의 임금이 높고 일반 사회의 수입도 많다는 것이다.

예를 들어 영국의 하층 노동자인 보일러공이 하루에 받는 일당은 일본, 인도, 중국, 아시아 등의 기계공, 목수 등의 숙련 노동자의 일주일 수입보다 많고, 독일과 비교하면 두 배나 된다. 하지만 영국과 미국을 비교하면 미국의 노동자 급여는 영국의 두 배인 것이 보통이다.

부자란 사회 전반의 번영이 있어야 비로소 탄생하는 것이다. 그리고 사회 전반의 번영은 자유경쟁으로 사회의 부를 생산을 위해 더 유익하게 사용하는 방법을 알고 있는 부자들의 노력으로 탄생한다.

노동자에게 높은 임금을 지급하지 않는 사업가는 이익 또한 올릴 수가 없고 부자도 될 수 없다. 부자들의 경쟁으로 임금이 상승하는 사회야말로 노사가 함께 이익을 얻고 부를 축적할 수 있는 사회이다.

자본과 노동은 서로 적이 아니라 친밀한 동맹자가 되어야 한다. 노사의 어느 한쪽에 이익이 집중되어서는 절대로 그 번영은 오래갈 수가 없다.

청년에게 부를 물려주는 것은
화의 근원이다

✳

글래드스턴 씨는 내가 가장 존경하는 영국의 정치가인데, 자손에게 재산과 지위를 물려주는 것에 대해서는 서로 의견의 차이가 있다. 그는 재산뿐만이 아니라 사업도 자손들에게 물려줄 수 있다고 생각했지만, 나는 이 의견에 절대적으로 반대이다. 이것은 매우 중요한 일이기 때문에 내 의견을 잠시 말해보기로 하겠다.

사회에는 자손에게 물려줄 목적으로, 또는 호화스러운 삶을 위해 부를 축적하는 사람들이 있다. 그러나 이러한 것은 나로서 본다면 절대로 있을 수 없는 일이다.

앞 장에서 나는 부라는 유산이 자손들에게 도움이 전혀 되지 않고 단순히 부모의 허영심을 키워주는 것에 불과하다고 했다. 자손에게 거액의 재산을 물려주는 사람은 그 행위가 결과적으로 자손들의 재능과 활력을 빼앗기 때문에 비록 자손들에게 재능이 있더라도 사업을 키우고 운영하는 것을 방해하여 인생을 헛되이 살도록 장려하는 것과 다를 바가 없다.

원래 과학상의 모든 원칙에는 대부분의 경우 예외가 있듯이 이 원칙에도 약간의 예외는 존재한다.

그러나 나는 여전히 "부는 청년에게 있어서 화근이며 가난은 청년에게 있어서 행운이다."라는 신념을 바꿀 생각이 없다. 이것은 세상을 보면 잘 알 수 있듯이 일반적인 원칙이다.

내 의견이 너무 극단적이라고 생각된다면 한 걸음 물러서 이렇게 수정하기로 하겠다. "청년에게 부를 물려주는 것은 대부분의 경우 그 청년에게 있어 불리한 것이고, 가난 속에서 노력하도록 해주는 것은 청년에게 이익이 된다."

사업 또한 공공의 재산이다

※

글래드스턴 씨는 이렇게 말했다. "자손에게 재산만을 물려주는 것은 어쩌면 바람직하지 않은 일일 수도 있다. 하지만 재산과 함께 직업을 물려주고 책임의 무게를 일깨워준다면 그것은 해가 아니라 오히려 이익이다.

오늘날, 신용을 기본으로 하는 상업, 은행, 혹은 많은 지식이 있어야 하는 출판업 등에서 자손에게 재산과 함께 직업을 물려주고 있는 것은 오히려 바람직한 현상이다. 제조업의 경우에서도 이런 예를 배우는 것이 바람직하다."

미국에서도 자식들이 부모의 직업을 물려받는 예는 많다. 하지만 거리의 일개 상점, 중소 공장 등의 경우에는 별개로 실업계에서 성공을 거두려고 할 때는 경영자는 반드시 뛰어난 재능과 행동력을 갖추지 않으면 안 된다. 그리고 그런 사람들은 매우 드물다.

과거 영국에서 산업혁명의 격동기에 한 번 기초를 다지고 성공한 사업은 거의 반영구적으로 대를 이으며 절대로 쇠락하지 않는다고 믿어왔다. 하지만 현재의 사정은 완전히 다르다. 유력한 기업의 경영자가 되기 위해서는 한 국가의 수상 자리를 경쟁하는 것과 마찬가지로 항상 경쟁자와 격렬한 싸움을 지속해야만 한다.

부모가 자식에게 직업을 물려줄 때, 사업의 표면적인 부분만을 가르치는 것으로 교육사업이 끝났다고 여기며 곧바로 경영의 전권을 맡기는 것처럼, 거액의 수입을 지배시키는 것처럼 무모하고 해로운 것이 없다.

오늘날, 특별한 원인도 없이 파산했다는 안타까운 소식을 접하게 되는 이유의 대부분은 무능력한 경영자가 부모로부터 물려받은 사업을 불황이라는 이유로 사업 운영에 실패한 것이다. 이는 위의 사실을 증명해주는 것이다.

몇 년 전 대공황 때, 뉴욕의 대부호라 불리는 일곱 명 중에 다섯 명은 부모로부터 물려받은 사업의 경영에 실패했다. 그중에 한 사람은 범법을 저질러 처벌을 받기까지 하였다.

이 소식을 들은 나는 몇 명의 친구와 함께 대통령을 방문하여 그의 죄를 사해달라고 탄원했다. 나는 그때까지 그 어떤 사정이 있더라도 범죄에 가담하는 일이 결코 없었다. 하지만 내가 감히 이런 일을 하게 된 것은 실제로 죄를 물어야 하는 대상이 법을 어긴 아들이 아니라 무능력한 후계자에게 자산을 물려주어 재능에 어울리지 않는 과도한 중책을 떠안긴 부모에게 있다고 믿었기 때문이다.

큰 사업을 하는 사람은 사업 후계자를 정할 때는 절대로 혈연과 자산에 대해서는 생각하지 말고 재능이 있는 사람을 발견하거나, 만약 그에게 재력이 부족하면 주식 일부를 양도하여 주주이자 지배인으로서 발탁하여 후계자로서 재능을 키우고 지켜주어야 한다.

재능이 있는 후계자를 육성하는 것은 실업가가 사회에 대해 지닌 가장 큰 의무이다. 단, 자신의 자식이라는 이유에서 사업을 자식에게 물려주는 것은 실업가의 의무를 저버리는 것일 뿐만이 아니라 앞에서 말했던 것처럼 사랑하는 자식을 죄인으로 만드는 비극까지 일어날 수 있다.

하지만 귀족의 경우에는 그 책임이 거의 일정하므로 타인의 이해에 관계되는 일이 거의 없어 바람직한 일은 아니지만, 그 재산과 지위를 자식에게 물려준다고 하더라도 큰 폐해가 일어나지는 않을 것이다. 하지만 이런 예와 사업을 똑같이 생각하는 것은 매우 큰 잘못이고 결코 해서는 안 될 일이다.

사업 또한 부와 마찬가지로 공공의 재산이기 때문에 그 직무를 계승할 수 있는 재능이 있는 사람에게 재산의 운영을 맡기는 것이 사업가의 의무이다.

자식의 처지에서 본 사업의 상속

*

 부자들의 대부분은 자신이 하는 사업이 자식에게 적합하고 사회적으로 보더라도 의미가 있으며, 자식들의 입장에서는 쾌적한 삶의 방식이라고 믿고 있는 것 같다. 하지만 이렇게 생각하는 사람들은 자신의 자식들이 진정으로 바라는 것이 무엇인지 알지 못한다.
 불행하게도 부자들의 자식으로 태어난 경우에 처음부터 생활을 위해 일하는 경험이 없다. 본인이 금전에 대한 집착이 옅으므로 부모가 1달러, 1파운드의 이익을 얻기 위해 힘들게 노력하는 것에 대한 의미를 이해하지 못한 채, 왜 고민을 하고 쓸데없는 노력을 계속하는지 알 수 없다는 시선으로 바라본다.
 부자의 자식들이 하는 사업은 그야말로 재미나 취미의 범위에 머물고 만다. 이런 경우에는 아무리 많은 부를 부모로부터 물려받았다고 하더라도 격렬한 생존경쟁에서 살아남을 수 없다고 단언해도 틀림이 없을 것이다.

때로는 정말로 자식이 부모의 사업을 좋아하고, 또한 천부적인 자질 덕분에 사업으로 대성할 수 있는 능력이 있을 수도 있다. 하지만 이런 일은 그야말로 예외 중의 예외이다. 실제로 이럴 경우에는 자식의 재능을 아버지와 다른 분야에서 발전시킬 수 있도록 해주는 것이 진정한 부모의 사랑이라고 할 수 있다.

소박한 생활에 대하여

※

글래드스턴 씨는 개인의 생활에 관하여 "사치스러운 생활도 그 사람의 상황에 따라서 무조건 책망해서는 안 된다. 때로는 어쩔 수 없이 그런 생활을 해야 하는 경우도 있다. 단, 그런 경우라 할지라도 절대로 소박한 생활을 하지 못하는 것은 아니다. 실제로 그런 모범적인 생활을 하는 사람도 있다."라고 했다.

글래드스턴 씨는 물론 사치스러운 생활을 권하고 있는 것이 아니다. 하지만 "때에 따라 어쩔 수 없는 사치스러운 생활"이라는 생각에 나는 절대로 찬성을 할 수 없다. 과연 소박한 생활 때문에 품위와 존엄성이 떨어질까? 나는 이 문제에 대하여 미국의 클리블랜드 대통령이 의회에 넘긴 교서를 인용해서 대답하기로 하겠다.

"소박하고 검소한 것은 가장 공화 정치의 운영에 적합하고, 또한 미국 국민의 천직에 일치한다. 따라서 소박한 생활을 하는 것은 부끄러운 일이 아니다. 공직자 또한 선거로 추천된 국민의 한 사람이며 소박한 생활로 품위를 잃는 일은 결코 있을 수 없다. 공직에 있는 사람은 스스로 나서 그 모범을 보이며 근검절약을 중시하여 확실한 번영으로 인도하여야 한다."

클리블랜드 대통령이 말하는 핵심은 역대 대통령은 물론 관리들에 대한 주의와 실천을 강조한 것으로 본인의 생각이 아니다. 하지만 그것은 미국 클리블랜드 대통령에게는 오히려 자랑이 될 것이다.

합중국의 대통령, 재판관, 주교는 모두 급여가 적고 재판관만 70세까지 급여의 반을 연금으로 받을 뿐이다. 그래서 공직자들의 생활은 소박할 수밖에 없다. 이러한 미국의 습관이 직간접적으로 얼마나 많은 국민의 이익으로 이어졌는지는 두말할 필요가 없다.

영국 국왕의 생활에서 생각해 볼 때

*

 장래에 영국 국왕이 극심한 빈곤 문제에 관심을 기울이고 미합중국 대통령처럼 생활비를 1년에 1만 파운드로 한정시키고, 사치에 사용되는 나머지 비용 수백만 파운드를 국민에게 반환하거나 혹은 공공의 이익을 위해 사용한다면, 과연 군주의 품위가 떨어지는 것일까? 아니면 반대로 품위를 높여주는 것일까?

 오늘날, 영국 국왕의 권한은 크게 제한되었고 그에 따라 국왕의 존재가 국민에게 미치는 범위가 매우 좁아졌다. 지금 국왕 스스로 소박한 생활을 하면서 여분의 국비를 사회를 위해 활용하는 모범을 보여준다면, 영국 국민에게 미치는 영향력은 운영되는 금액의 수십 배, 수백 배로 커질 것은 의심의 여지가 없다.

왜냐하면, 영국 국민 중에 여유 재산이 있는 사람이라면 국왕을 본받아 사회에 유익하도록 재산의 활용에 힘쓸 것이 틀림없기 때문이다. 어쩌면 영국 국왕에게 그럴 의사가 있더라도 과연 국왕의 입장에서 이것을 발의하는 것이 가능한 일인지 의문을 품는 국민이 있을지도 모른다. 입헌 제도하에서 '국왕'이라는 단어는 국왕 개인을 지칭하는 것이 아니라 '국민의 의사'를 지칭하는 것으로 국왕의 발의를 허락하는 것이 국왕의 권력 확대로 이어질 수 있다는 주장이 일어날 수도 있다. 현재의 영국 국왕이 국정에서 가지는 입법, 행정상의 권력 대부분은 내각과 의회의 승인이 필요하므로 실질적인 권력은 없는 것과 마찬가지이다. 하지만 영국 국왕이 왕실의 경비를 줄이고 그 나머지 금액을 국고로 되돌려준다면 국왕의 지위가 허위에 멈추지 않고 국민의 신뢰를 얻은 국가의 한 세력이 될 수도 있다는 사실은 의심의 여지가 없다. 과거 영국의 총리를 지낸 피트 씨도 오랜 세월 국정을 위해 헌신한 공로로 국가가 수여한 금품과 지위를 모두 거절한 채 사치와는 전혀 거리가 먼 생활을 하다가 하늘나라로 갔다. 그의 부에 대한 생각은 서로의 견해 차이 때문에 내 의견과는 달랐지만, 그의 생활과 업적인 소박, 근검, 헌신은 내가 제일 모범으로 삼고 있다. 이처럼 실제로 이상을 초월한 삶의 방식을 살아가는 사람은 매우 드물다. 나는 같은 스코틀랜드 출신으로서 대단히 자랑스럽게 여기고 있다.

해설

**카네기는 남북전쟁 당시 상사인 스콧 대령의 부관으로서 워싱턴에 있었는데, 링컨 대통령과 많은 대화를 나누며 대통령의 인간성에 대해 알 수 있었다. 카네기는 평생 정상(政商)이라 불린 적이 단 한 번도 없었고, 정치에 대한 야심도 품지 않았지만 몇몇 미국 대통령과 친분이 있었다. 덕분에 미국 정치계의 뒷모습을 잘 알고 있었다.
카네기는 "정치의 세계에서 황금의 세력이 없는 것은 미국이 세계에 가장 자랑할 만한 미덕이다."라고 적고 있는데 이것은 말 그대로 받아들여도 틀림이 없다.
또한, 카네기는 자신이 태어난 영국의 정치가와도 친분을 맺고 있었다. 이 장에서 몇 번이고 등장하는 글래드스턴은 카네기와 같은 스코틀랜드 출신이라 특별히 존경했다.

자선의 진상

*

나는 오늘 자선을 위해 기부된 1000달러 중의 990달러는 바다에 던져버리는 것이 사회를 위한 것이라고 말했다. 독자 중에는 이것이 기부자로서의 우쭐함이라 생각하며 내 말이 지나치다고 여기는 사람도 있을 것이다.

그러나 최근 뉴욕 자선협회의 보고를 읽어 본다면 안타깝게도 내 말이 근거가 있는 사실이라는 것을 이해할 것이다.

뉴욕 자선협회에는 23개의 자선단체가 속해 있으며 그들 중에 대부분 거액의 기부금을 모금하고 있다. 이 단체들이 처음으로 연합하여 보조금을 타가는 사람들의 명부를 대조해본 결과 7, 8군데의 자선단체로부터 보조금을 이중으로 타간 사람을 많이 발견했다. 이렇게 요령만 부리는 나태한 빈민의 존재가 열심히 땀을 흘려가며 일하는 수많은 노동자에게 어떤 악영향을 끼칠지는 굳이 설명할 필요가 없을 것이다. 그 어떤 이유에서도 이렇게 나태한 빈민에게 금전적 원조를 하는 것은 부자의 의무가 아니다.

최근 자선사업에 대하여 코네티컷 주의 모든 시가 공동으로 조사한 적이 있다. 이에 대하여 하트퍼드 도의 한 일간지에 이런 내용이 실렸다.

"상당한 재산을 가지고 있으면서도 특정 직업을 가지지 않고 공공단체로부터 보조금을 타내는 것을 주업으로 삼고 있는 시민이 상당히 많다는 것은 이미 하트퍼드에서는 알려진 사실이다. 최근에는 노리치에서도 시의 보조를 받는 다수의 시민 사정을 조사한 결과 500달러 이상, 3,000달러의 은행 저축이 발간된 사람이 40명이나 되었다. 이 중에 한 노파의 경우에는 다년간에 걸쳐 공공의 보조금을 받으면서 2,000달러를 은행에 예금하고 있었다. 이러한 실정은 주의 도시마다 마찬가지라고 여겨진다."

이 신문 보도는 바람직한 것은 아니지만 그렇다고 탄식할 만한 것도 아니다. 분명 많은 저금이 있는 사람은 공공의 보조를 받을 필요가 없는 사람이지만, 그들의 대부분은 정부와 자선단체로부터 받은 것을 저축한 것이기 때문에 사회에 큰 손실을 주지는 않는다.

그러나 그 외의 보조금 수급자는 일하기를 좋아하지 않아 이중,

삼중으로 보조금을 타내서 곧장 술이나 도박으로 탕진해 버리기 일쑤다. 그래서 생활은 더욱더 궁핍해지고 다시 자선단체의 문을 두드려 보조금을 타내려 한다. 게다가 이런 부류의 사람은 보조금을 저축하는 사람들과 비교해 그 숫자가 훨씬 더 많다.

이처럼 금품으로 원조할 때는 받는 사람의 상황, 성품, 불행의 원인 등을 자세히 확인해야 하는 것은 물론이고, 그들이 자신을 돕기 위해 노력을 게을리 하지 않는다는 것을 확인해야만 한다.

이러한 것을 확인하지 않고 달라는 대로 계속 원조를 하면서 눈앞의 비참한 생활에 대한 동정심으로 원조한다면 사회의 불행이 증가는 하지만 감소하지는 않을 것이다.

진정한 자선이란 자신을 돕기 위해 노력하고 있는 사람에게 그 노력에 상응하는 원조를 하는 것이다. 이 원칙을 지키지 않는 자선은 사람들을 불행으로 내모는 거짓된 자선이다.

해설

**카네기가 지적했듯이 자선사업은 한번 시작하면 점점 부풀어 오르다가 결국에는 터져버리거나 가치가 떨어져 의미가 없어진다. 그러므로 멈추지 않고 계속된다.

카네기는 『부의 복음』 속에서 1880년에 미국에서 공적인 원조를 받고 있는 사람은 1,000명 당 50명이라고 보고하고 있는데, 그로부터 약 90년이 지난 1968년에는 약 2억 명의 인구 중에 1,000만 명이 고령이나 장애 등에 의한 공적 원조를 받고 있으며 인구에 대한 비율은 당시의 10배로 늘어났다. 놀랄만한 속도로 확대된 것이다.

또한, 이것을 연금이나 각종 사회보험제도까지 확대해 보면 미국에서는 총인구의 50%가 어떤 식으로든 사회보험의 수급자가 되어 있다. 클라이슬러 사의 사장 아이아코카가 자신의 어머니에게까지 해마다 사회보험금을 보내고 있다는 것에 대하여, 자신의 저서에서 사회보장이 무분별하게 지급되고 있다고 경고하고 있는데 이 정책은 그야말로 '부의 복음'의 이름에 어울리는 것이다.

부자의 경솔한 기부

＊

 미합중국에는 구빈법(救貧法)이라는 법률이 있다. 또한, 각주나 시에서도 독자적인 법률과 조례 등을 두어 수입이 없는 사람들에게 의식주의 제공과 교육을 시행하고 있다.

 이것은 법률 등이 그 목적을 실현하기 위해 운영하는 것은 이상적이지만, 현실은 이상과 차이가 있다는 사실은 여기서 언급한 바와 같다. 그것은 예산이 부족한 탓이나 기부금으로 부족한 탓도 아니다. 운영을 제대로 하지 않는다면 제아무리 예산을 늘리고 기부금을 많이 거둬들인다고 해도 그 결과는 사태를 악화시킬 뿐이다.

 나는 현재의 실태를 개선하기 위해서는 게으르고 놀기를 좋아하는 이유로 일하지 않는 사람을 국가의 보호 아래 특별한 공장에 취직시켜 건전하고 근면한 향상심을 가진 사람들과 분리해야 한다고 생각한다.

부자의 기부와 공공의 원조에 의지하여 일하지 않고 놀고먹기만 하는 인간은 이웃을 나쁘게 물들이는 근원이다. 힘든 하루의 노동으로 생활의 양식을 얻고 있는 사람에게 땀을 흘리지 않고 편안하게 놀고먹는 방법을 가르친다면 누가 그것을 마다하겠는가?

가난한 사람 중에서도 성실하게 일하며 적은 수입 중에 일부를 저축하여 만일의 상황에 대비하는 사람은 많다. 이런 사람들이 나쁜 습관에 물들지 않도록 불량한 빈민과 격리하는 것은 썩은 포도를 가지에서 잘라 주는 것, 썩은 사과를 상자에서 빼내는 것과 마찬가지다. 이것은 제거가 목적이 아니라 남아 있는 과일을 부패로부터 지키기 위한 것이다.

단, 사회에 만연한 암을 칼로 도려내는 사람은 숙련된 능력과 냉정한 판단력, 감정을 억제할 수 있는 사람이어야 한다. 메스를 쓰는 의사가 항상 환자로부터 감사를 받는다고는 단정할 수 없는 것과 마찬가지로, 때로는 혜택을 받는 사람에게서조차 심한 반발과 욕설을 뒤집어쓸 각오를 하지 않는다면 사회는 절대로 개선될 수 없다.

자선단체가 기부를 요청해 오면, 부자들의 대부분은 그 결과를 생각하지 않고 기부에 응하고 있다. 하지만 기부를 승낙하기 전에 자신의 기부가 과연 사회에 도움이 되는지를 신중히 생각해야만 한다. 이에 대하여 유대인 신부 알더는 이렇게 말하고 있다.

"베풀기는 쉽다. 그러기 위한 특별한 교육을 받지 않아도, 각별한 사고가 없다고 하더라도 단순히 주는 것이라면 누구나 할 수 있는 일이다. 하지만 자선의 진정한 목적, 그리고 더욱 효과적인 방법을 알기 위해서는 세월을 두고 수행을 해야만 한다. 그리고 그 수행은 자신이 직접 힘겹게 체험을 쌓는 것밖에 없다."

대단히 안타까운 일이지만 나는 자선의 진상에 대해 알면 알수록 부자들의 경솔한 기부가 사회에 얼마나 커다란 폐해를 끼치고 있는지 경고하지 않을 수가 없다.

부의 축적은 신성한 의무이다

※

 부를 축적하는 것에 대한 가부(可否)에 대해 글래드스턴 씨와 내 의견은 같다. 그는 "부를 축적하는 것은 비난받을 일이 아니다. 축적은 인생에서 없어서는 안 될 기본이다."라고 말했다. 내가 말하는 '부의 복음'도 부의 축적을 거부하는 것이 아니다. 단지 여분의 부를 사회를 위해 활용하도록 권하고 있다.

 그러나 일부 사람들은 성경 구절을 인용하여 나를 공격한다. 예를 들어 성경에 "자신을 위해 금은보화를 모으지 마라."라는 말이 있다. 이것이 부의 축적을 금지한 것이라면 성경 구절은 모두 반어법이라고 해야 할 것이다.

 만약 전체를 생각하지 않고 극히 일부분인 한두 줄만을 인용하여 있는 그대로 해석한다면, 오늘날의 문명을 쉽게 파괴할 수 있다. 예수의 말을 말 그대로 해석한다면 성경 속의 말을 고작해야 한두 마디로 사람과 짐승의 경계가 깨져버리고 만다. 예를 들어 "내일을 생각하지 마라."가 바로 그것이다. 만약 성경의 짧은 글을 인용해도 된다면, 예수는 재산의 축적을 매우 장려하고 있다고 할 수 있다. 예수는 부를 축적하기 위해 열심히 노력하는 사람에게 이렇게 격려하고 있다.

"충실한 하느님의 종들아! 너희의 노력은 가히 칭찬할 만하다. 너희는 지금까지 작은 지출에도 주의를 기울이며 절약을 해왔기 때문에 지금의 부를 손에 넣을 수 있었다. 이제부터 나는 너희를 수많은 일에 지배자의 역할을 맡기겠다. 그리고 하느님의 기쁨을 너희에게 전하노라."

일단 의심을 하지 말고 부자들이 하는 일들을 살펴보자. 부자는 그 부를 사업에 투자하면서 활발하게 그것을 운영하여 사람들에게 직업을 제공하고 사회의 부를 늘리기 위해 노력하고 있다. 부자의 부는 때로는 배가 되고, 때로는 광산이 되고, 때로는 공장이 되어 부를 창출하여 인류에 도움이 되고 있다.

실업의 세계에서 발달과 개량을 중지하는 것은 쇠락의 길로 이어진다. 결국은 경영이 축소되고 그곳에서 일하는 사람들은 직장을 잃게 된다.

세계는 항상 더욱 새롭고 좋은 것을 추구하기 위해 그 활동을 멈추지 않는다. 실업에 관여하고 있는 사람은 수요의 동향을 살피면서 언제나 새로운 기술을 도입하여 필요한 상품과 서비스를 제공해야 할 필요가 있다. 만약 사회의 이러한 요구에 대응할 수 없다면 기업은 그 순간부터 멸망의 길에 접어들기 시작한다. 내가 부자들이 부의 축적을 장려하는 것도 바로 이러한 이유에서이다.

부를 축적하고 이것을 늘려가는 것은 부자들의 의무이다. 재산의 축적은 이기적인 행동이 아니라 사회의 발전에 많은 도움이 되는 고상한 일이다. 부자는 자신을 위해 일을 한 것이 아니라 사회의 발전을 위해 일하고 있다. 부를 축적하는 것은 재산의 축적을 위한 것이 아니라 부를 더욱 더 많이 필요로 하는 부분에 투자하기 위한 것이다.

부자가 많은 부를 축적하고 그것을 전부 사업을 위해 투자하여 간다면 사회는 부자의 축적을 통해 많은 것을 얻을 수 있다. 부자가 매일 자신의 사업을 위해 일하는 것은 매일 덕을 쌓고 베푸는 것이다. 부의 복음은 이러한 본질까지를 부자들의 손아귀에서 빼앗으려 하는 것이 아니다. 자본은 선을 베푸는 원천이기 때문에 쉽게 고갈되어서는 안 된다.

설령 부자가 죽음을 맞이한다고 하더라도 투자한 자본이 안개처럼 사라져서는 안 된다. 단, 자본 이외에는 남겨서는 안 된다.

해설

**카네기는 67세가 된 1901년에 실업계를 은퇴하면서 자신이 창업하면서 미국 철강 생산량의 50%까지 점유하게 된 카네기 스틸을 약 5억 파운드(당시 환율로 약 20억 달러)에 JP모건 재벌에게 팔았다. 이때 카네기가 JP모건으로부터 받은 것은 현금이 아니라 대부분이 5년 분리(分利)의 사채(社債)였다. JP모건이 그만큼의 현금을 조달할 수 있는 능력이 없었던 것은 아니었지만, 만약 전부 현금 지급을 요구하였다면 모건은 매수한 카네기 스틸을 몇 개로 쪼개 일부를 처분해야 했을 것이다.

카네기는 이 사채를 사회사업의 기금으로 모두 기부하였고, 사채에서 발생하는 금리를 각각의 사회사업에 꾸준히 지급되도록 배려하였다. '기업의 도산 위험과 상관없이 모두 현금으로 바꾸어 사회사업에 기부'하는 무모함을 저지르지 않고, 기부를 받는 단체 또한 스스로 자립을 독려하도록 배려한 것이다.

개인 사업의 강점

※

 부자의 존재를 불필요하다고 말하는 사람들이 드는 이유 중에 하나로 주식회사의 발달이 있다. 현재는 회사 조직이 발달하면서 대규모의 사업들이 부자에 의존하지 않고 이 방법으로 자금을 조달할 수가 있다.

 그렇다면 이 사회에 과연 부자는 불필요한 존재일까? 사회조직이 전 세계에서 가장 발달한 것은 영국인데, 이 나라에서 사업하면서 세계를 제패하고 있는 것은 주식회사가 아니라 개인 부사의 용감한 결단에 의한 것이다.

 지금까지 내 경험에 따르면 주식회사에 의한 경영은 개인 기업의 즉각적인 결단 경영에 미치지 못한다는 것은 매우 확실하다.

주식회사 중에서도 보기 드물게 성공을 하는 경우가 있는데, 이것은 실제로 회사를 지배하고 있는 것이 한 사람, 혹은 한 사람이 주도권을 쥐고 있고 주주들은 불과 몇 명에 달하지 않는 것이 보통이다.

주식회사 조직의 최대 약점은 발명과 모험을 할 수 없다는 것이다. 주식회사 조직에서 가장 중요한 것은 정기적으로 정해진 이익을 주주들에게 배당하는 것이지 회사를 발전시키는 것이 아니다. 만약 실업계에서 부자들을 배척한다면 위기 상황에서 책임을 질 사람이 없으므로 미래의 발전과 개량에 커다란 타격을 받게 될 것이다.

또한, 합자회사, 합병회사, 유한회사의 어떤 형태라도 출자자가 두세 명인 경우에는 어떤 업종이라 하더라도 투자 자본에 대한 이자의 이익을 회수하지 못하는 경우는 없다. 하지만 다수의 사람으로부터 소액의 자금을 모아서 운영하는 주식회사의 경우에는 대부분 실패를 피할 수 없다.

때로는 수요와 공급이 안정되어 상장의 변동 영향이 적은 철도사업 등은 주식회사로서의 경영에 적합하지 않은 것이 아니냐는 이견도 있다. 하지만 자세히 살펴보면 철도사업이라 할지라도 개인 기업이 더욱 적합하다.

예를 들어 세계 최대의 거리를 자랑하고 있는 미국 철도업계의 경험으로 본다면 소수의 민첩하고 능력 있는 경영자에게 전권을 위탁하여 마치 개인 기업처럼 경영할 수 있는 장치가 있다면, 이전에는 배당하지 못했던 회사도 배당할 수 있게 된다.

이것을 영국 철도업계에서 살펴보기로 하자. 이 나라에서 철도는 독점 사업이다. 또한, 승객과 화주로부터 징수하는 운임은 미국의 두세 배나 된다. 그리고 철도 종사자들에게 지급해야 하는 임금은 거의 미국의 1/2이 된다.

그럼에도 불구하고 주주에게 돌아가는 배당금은 아주 적다. 만약 두세 명의 유능한 경영자에게 이 사업의 전권을 맡긴다면 그 이익은 반드시 놀랄 만큼 높아질 것이 틀림없다.

개인 사업의 경우에는 소수 책임자가 과감하고 민첩하게 의사를 처리할 수 있지만 주식회사의 경우에는 경영의 실권이 급여를 위해 일하는 사원들의 손아귀에 쥐어져 있다. 게다가 그 손은 자유롭게 조종할 수 있는 것이 아니므로 경영 실태를 거의 모르는 이사회와 주주총회의 결의에 속박되어 있다.

그 때문에 일을 처리하기 위해 적절한 처치를 하는 것이 거의 불가능하다. 영국의 실업이 앞으로 사회소식을 바로잡시 못한다면 세계에서 영국 상공업의 패권은 이윽고 미국으로 옮겨지게 될 것이다.

제3장
트러스트(trust)에 대한 환상

경박한 사회 구제(救濟)의 명의들

※

 태곳적부터 지구의 회전속도는 거의 변함이 없다. 최근 들어 갑자기 그 회전이 빨라졌다는 이야기는 들은 적이 없다.
 그러나 최근 새로운 사상의 출몰 경향을 보면, 아침에 갑자기 나타났다 저녁에 홀연 듯 사라지는 것도 드물지 않다. 그것들이 사라지는 속도가 지구의 속도를 아주 조금 빠르게 한 것이 아닐까 싶을 정도다.
 너무나도 많은 주의와 주장이 나타났다기는 사라지고 사라졌다가 다시 나타나면, 과연 무엇이 진실인지 대부분의 사람은 어리둥절할 뿐이다.
 그러나 모든 것이 진화한다는 진실을 아는 사람은 이것에 그렇게 수상하게 여기지 않는다. 결국, 인간 사회를 위해 진정으로 도움이 되는 것만이 살아남고 그 외의 것들은 물거품처럼 사라진다는 것을 믿으며 특별히 주의를 기울이지 않는다.

이처럼 세상이 복잡하게 돌아가게 된 것은 최근 들어서의 일이다. 역사를 살펴보면, 불과 100년 전만 해도 사람들은 새로운 대상을 접할 때면 그것을 의심하고 주저하고 적극적으로 그것을 받아들이지 않았다. 지금도 보수적인 나라에서는 여전히 어제와 전혀 다를 바 없는 삶을 가장 안전한 것으로 여기며 세상에 등을 돌리고 있다.

그러나 유럽과 미국에서는 그들과 정반대로 신문물, 신사상이라고 하면 실제 가치보다 높이 평가하여 무조건 달려들고, 옛것은 단지 낡았다는 이유만으로 쉽게 버리고 돌아보지 않는다.

사람들은 경쟁적으로 시대의 흐름에 앞서 가기 위해 신기한 것을 즐기고 경박하게 여론을 전달하는 신문에서는 날마다 사회의 모든 병폐를 당장에 뜯어고쳐야 한다는 식으로 전달, 또한 사회의 병폐를 구제할 명의가 출현했다는 것만을 보도할 뿐, 그 결과가 어떻게 되었는지는 전혀 알리지 않고 알려고도 하지 않는다. 그런데 현재 수백에 달하는 자칭 사회 구제의 명의들에게는 각각 치료를 바라는 환자들이 많다.

예컨대 사람들은 혼란스러워하고, 버릴 수 없는 꿈이 있어 경박한 명의의 한마디에 한 가닥 희망을 품게 되는 것은 어쩌면 어쩔 수 없는 일일지도 모른다.

미국 공업계가 그들로 인해 주식회사 열풍에 휩싸이게 된 것은 최근 들어서의 일이다. 노동자들이 근검절약하여 자신의 저축을 자본으로 사업에 투자하는 것은 바람직하지만, 규모의 크기나 업종에 상관없이 모든 사업을 주식회사로 조직하면 성공할 것이라는 환상을 부추기는 것은 바람직하지 않다. 예를 들어 사업 경영의 지식이나 수완과 상관없이 일단 주주가 되면 주주총회에 참석하여 주주의 권리를 주장하게 되는데, 만약 어떤 사람이 장례 회사의 주주와 화장(火葬)회사의 주주가 되면 이 회사의 주주는 주주로서 마지막 순간을 회사에 요구하는 것은 당연히 여긴다. 그야말로 주식회사는 경제의 만능 고약과 같은 것이다.

앞으로는 주식회사의 시대가 될 것이라며 정부 또한 주식회사 설립을 위한 법률을 제정하고 일반 회사에서 수많은 소액 투자자를 모집하는 길을 열었다. 그러나 오늘날, 사회 구제를 약속하는 명의들의 선전에도 불구하고 주식회사에서 성공이라 여길 수 있는 것이 많지 않다.

자본의 합체와 물가

*

주식회사가 일정한 발전을 이루면 경쟁력을 키우거나 혹은 경쟁을 회피하기 위해 동종 업체끼리 모여 공동판매의 신디케이트(syndicate)를 결성하게 된다. 그러나 이것은 얼마 못 가 사라지고 기업 합체의 트러스트(독점적 기업 활동)가 이것을 대신하게 되었다.

이러한 흐름은 요컨대 자본의 합체, 수많은 소액 저축금을 모아 사업의 규모를 확대하고자 하는 것이다. 이것은 사회의 발전과 함께 자연적인 흐름으로 전혀 우연적인 사회현상이 아니다. 자본의 합체로 대규모 사업은 현대 사회의 요구에 의한 것이기 때문에 이것을 경시해서는 안 된다.

자본의 합체에 의한 대규모 사업은 그렇게 해서 생산된 상품의 원가 절감과 더 저렴한 상품이 국민들에게 제공되어야 한다는 법칙에 따라야 한다.

오늘날, 일개 노동자의 가정에서도 수십 년 전의 왕궁에서조차 볼 수 없었던 사치품들을 이용할 수 있게 된 것도 바로 이 법칙에 의해 판매 가격이 매우 저렴해졌기 때문이다.

과거의 사치품이 지금은 노동자들의 집안에서조차 필수품이 되었다. 만약 독자가 역사가 오래된 나라를 방문하여 2~300년 전의 궁전을 보게 된다면 이 사실을 금방 깨닫게 될 것이다.

예를 들어 궁전의 바닥은 카펫이 아니라 갈대와 같은 수초를 짜서 만든 조잡한 것이다. 창문은 유리가 아니라 벽에 작은 구멍을 뚫어 놓았을 뿐이고, 냉난방과 상관없이 비바람이 들이친다. 또한, 가스도 전기도 석유램프도 없었다. 그 외에도 오늘날 생활을 편리하게 해주는 모든 필수품이 불과 200년 전에는 하나도 없었다. 또한, 인생에 있어 가장 중요한 보물이라 할 수 있는 책은 얼마 전까지만 해도 왕실에서밖에 볼 수 없었지만 지금은 수천, 수만의 책들을 소장하고 있는 도서관을 찾아가면 노동자들이 언제라도 공부하여 교양과 취미를 즐기기 위해 무료로 책을 빌려 집에서 볼 수 있다.

우리 삶의 역사를 보면 필수품, 사치품이나 미술품들은 가격이 싸지면 보급이 되어 우리들의 삶을 행복하게 해준다는 사실을 잘 알 수 있다. 그것이 광물이든, 음식물이든, 아니면 수공예품이든, 혹은 책이나 인쇄물이든 간에 가격이 싸지는 것이 결코 이상한 일이 아니다. 생산자가 싸게 팔 수 있게 되는 것은 생산 규모가 커질수록 그와 반비례하여 생산 원가가 낮아지기 때문이다.

예를 들어 하루에 철강 10톤을 생산할 경우, 1톤에 해당하는 가격은 하루에 100톤을 만들 경우의 배수가 된다. 또한, 100톤을 만들 경우에 1톤당 가격은 하루에 1,000톤을 생산할 경우의 두 배는 될 것이다. 그리고 하루에 1,000톤을 생산할 때의 원가는 하루에 1만 톤을 생산하는 경우보다 반드시 비싸지게 된다. 경영 규모가 커질수록 싸지는 것은 제품만이 아니다. 증기선 업자의 말에 따르면 2만 톤의 배로 1톤의 짐을 운반할 때의 운임은 작은 증기선으로 1톤을 운반할 때의 운임보다 싸다고 한다.

이렇게 본다면 사람들을 더욱 행복하게 하고, 즐거움을 더해주고, 생활을 개선하고 진보시켜 주는 힘 모두는 생산 규모의 확대와 그로 인해 제품의 가격이 저렴해지는 데 달려 있다. 기업의 합체가 생산력을 증가시켜 생산 원가를 떨어뜨리고, 그 이익을 사회에 환원할 목적으로 이루어질 때, 그것은 정당한 이유라 할 수 있기 때문에 그 실태를 확인조차 하지 않고 단지 자본의 합체가 이루어지는 것만을 이유로 공격해서는 안 된다.

해설

**카네기는 27살에 키스톤 철교회사를 창립하고 마지막으로 카네기 스틸을 JP모건에 매각할 때까지 회사의 성장과 발전 대부분을 매수와 내부유보에 의존했다. 다른 회사들의 일반적 방식인 합병이나 증자를 택하지 않은 것은 카네기 산하에 있는 대부분의 회사가 합명회사거나 지주회사였기 때문에 합병이나 공모에 의한 증자가 불가능하기도 했고, 또한, 주식회사는 기민한 행동을 취할 수 없다는 것을 카네기가 싫어했기 때문이기도 하다.

카네기의 매수 대상이 된 기업은 뛰어난 기술은 가지고 있지만 경영 불량으로 막다른 길에 접어든 회사들뿐이었다. 이런 회사를 매수하여 경영을 정상화시킨 다음 서로 장단점을 보완할 수 있는 자회사와 합병을 시켰다. 이 작업을 반복하여 규모를 점차 키워나간 것이다.

철강업계는 극심한 경쟁을 반복하면서 호황과 불황이 교차하였다. 카네기는 불황기를 노려 매수 대상 기업을 찾는데 게을리하지 않았다. 1890년대의 불황기에는 피츠버그에서 1,000km 떨어진 오대호 서쪽에 있는 슈피리어 호수 지방의 광산을 매수하여 채굴한 광석을 피츠버그로 운반하기 위한 운반선, 철도, 항만 시설 등을 건설하여 철강 제품의 단가를 극적으로 떨어뜨렸다. 본문에서도 말했듯이 당시에 카네기가 만든 2만 톤급의 광석 운반선은 상상 이상의 단가 절감 효과를 발휘하였다. 하지만 이러한 투자는 카네기가 실질적인 소유주였기 때문에 가능한 일이었다.

만약 카네기 스틸이 주식회사였다면 이러한 대규모 투자는 주주의 반대에 부딪혀 실현되지 못했을 것이다. 주식회사는 비효율적이고, 기업의 규모를 키우는 것은 합리적이라는 카네기의 신념은 이러한 경험을 통해 나온 것이다.

생산품을 싼 단가에 판매하자

*

 요즘처럼 뛰어난 발명이 줄을 잇는 것은 기업의 합병, 생산 규모의 확대를 촉진한다. 뛰어난 발명은 그것을 실용화시키는 데 있어 거대한 설비를 필요로 하는 경우가 많다. 하지만 그것은 대규모 경영을 쉽고 유리하게 해준다.

 또한, 그것이 어떤 발명이든 간에 그것을 통해 이전에는 10명에게 공급하였던 것을 매우 싼 단가로 1,000명에게 공급할 수 없다면 그 발명은 진정한 가치가 있다고 할 수 없다.

 현재, 수많은 제조공업이 생활을 쾌적하게, 혹은 지식을 확장하는데 도움이 되는 상품을 가능한 한 많이, 가능한 한 싸게 공급할 수 있도록 활동하고 있기 때문에 모든 사업이 날이 갈수록 거대해

져가고 있다. 그중에서도 가장 두드러진 것이 바로 철도의 화물 운송이다.

지금으로부터 약 30년 전에 펜실베이니아 철도회사에 입사했을 때는 열차 한 대에 8량의 화물차로 고작해야 7,8톤의 화물을 운반하였지만, 지금은 50톤 정도의 화물을 쉽게 운반할 수 있고 기관차의 마력도 당시의 4배가 되었다. 증기선은 같은 시기에 평균 10배 정도 늘어났고, 증기기관의 힘은 7배가 되었다.

또 한 가지 예를 더 들어보기로 하자. 최근까지 사용되었던 수동 인쇄기와 현재 신문 인쇄에 사용되고 있는 정교한 초고속 윤전 인쇄기와의 인쇄능력의 차이는 수백 배라고 해도 과언이 아닐 정도다. 이것은 아주 작은 일례에 불과하다. 공업생산 분야에서 능력과 능률이 증가하지 않은 분야를 찾아볼 수 없다.

사업이 거대해지면 필요한 자본도 급증한다. 최근 미국 산업계의 곳곳에서 자본의 합병과 규모의 확대를 엿볼 수 있는 것도 바로 이 때문이고, 단순히 사업의 독점을 노린 것이 아니다. 이것은 산업계의 자연스러운 흐름이며 이것을 막으려고 그렇게 하는 것은 커다란 급류에 홀로 맞서서 그 흐름을 막으려 하고 하는 어리석은 행동과도 같다. 게다가 이 흐름은 사람들의 생활 향상을 저지하는 것이 아니라 반대로 돕는 것이다.

이렇게 생각해보면 자본의 합병을 막는 어리석은 행동을 반복하지 말고 반대로 기꺼이 받아들여 사회의 다수를 점유하고 있는 가난한 사람들에게 이익이 될 수 있는 일로 축하해야 할 것이다.

최근 들어 사회의 명의라 자칭하고는 있지만 실제로는 근시나 맹인과 같은 사람들이 기업 합병은 자본가의 이익이 될 뿐이라고 주장하고 있다. 하지만 어느 모로 보나 기업 합병 그 자체가 자본가의 이익이 된다는 이유를 찾아볼 수 없다.

기업 합병을 통해 생산력을 증가시키고 제품의 판매 가격을 내려 사회의 모든 사람에게 환영을 받고, 판매량과 이익이 함께 상승하였을 때만 결과적으로 기업의 합병이 자본가의 이익이 될 수 있다. 하지만 자본가가 이익을 실현하기 전에 수익의 수십 배를 사회에 이바지한 뒤가 아니면 자본가의 이익은 실현되지 않는다는 사실을 근시안, 맹인들은 고의로 누락시키고 있다.

사업이란 식물을 키우듯이 자연스럽게 자라나는 것이 아니다. 또한, 사업 규모가 커질수록 지금까지 당면한 적이 없는 난관에 부딪히게 된다. 만약 사업을 키우지 않아도 된다면 규모의 확장과 사업의 합병을 원하는 자본가는 한 사람도 없을 것이다. 그것은 경쟁에서 지지 않기 위해 어쩔 수 없는 장치이다. 그리고 사업의 규모를 키워 이것을 특별한 문제 없이 운영하고 성공하는 것은 자본가가 그것을 통해 한 단계 진보를 이루었다는 의미이다. 자본가의 이러한 노력을 통해 더욱 높은 문명이 건설되고 사회의 모든 계층 사람들을 보다 행복하게 할 수가 있다.

지금까지는 부자만이 즐기고 이용할 수 있었던 상품과 편익도 생산력의 향상과 가격 하락으로 모든 노동자도 사용할 수 있게 되어, 노동자의 집에서 더러움과 가난을 씻어낼 수 있게 된다. 이렇게 해서 노동자 가정에서 탄생하는 행복은 부자의 저택에서 탄생하는 행복보다 훨씬 큰 것이 된다.

대량 생산된 상품을 싸게 판매하는 것이 노동자와 농민 가정을 풍요롭게 하고, 우량 품질의 재물을 더 많이 소유하게 하여 빈부의 격차를 줄여주게 된다는 것은 의심의 여지가 없는 일이다.

무책임한 정치가, 사회주의자들, 혹은 자칭 사회의 명의들이 능변을 통해 일시적으로 많은 사람의 이목을 끌 수는 있지만, 이 명확하고 정확한 진리에 대하여 논쟁을 일삼는 어리석은 자들은 언젠가 시간이 흐르면 한 명도 남지 않을 것이다. 이것은 마치 태양이 서쪽으로 저무는 것과 마찬가지로 분명한 일이다.

백화점 개점 반대에 대하여

*

 자본의 합병이 결국은 사회의 이익이 된다는 것은 지금까지 말했던 것과 같다. 하지만 자본의 합병 방법, 종류는 온갖 형태를 취하기 때문에 개중에는 많은 비난을 받기도 한다. 예를 들어 한 상점이 발전하여 점포를 크게 확장하고 내부에 온갖 상품을 판매하는 백화점을 건설하면 당장에 '여론'의 뭇매를 맞게 된다.

 처음에는 한 상점에서 하나의 상품만을 판매하며 서로 상권을 침해하지 않으려 배려해왔지만, 백화점이 출현하여 온갖 상품을 취급하게 된다면 고객의 편익은 한 곳에서 필요한 모든 물건을 살 수 있을 뿐만이 아니라 아주 싼 가격에 물건을 구매할 수도 있다.

 이 때문에 상권을 잃게 되고 압박을 당하게 되는 것에 대하여

'여론'이 공격을 하지만, 사회의 편익을 누리는 쪽이 많고 백화점이 번성한다는 것은, 그보다 훨씬 확실한 '여론의 지지'가 백화점에 있다는 것을 의미한다.

백화점에서 팔리고 있는 상품이 싼 이유는 조잡한 물건을 팔아서가 아니라 대규모의 경영 이점을 살린 것에 불과하다. 다시 말해 대량 구매와 대량 판매를 통해 구매 단가와 이윤 폭을 줄였기 때문에 고객에게 상품을 싸게 제공할 수 있다. 백화점 건설을 통해 이익을 얻는 것은 바로 그 지역에 사는 주민들이다.

새롭게 고안된 것을 실용화시킴으로 인해 종래의 사회가 혼란에 빠지는 것은 피할 수 없는 일이다. 종래의 것으로 인해 사회에 주어질 이익이 적은 것은 저절로 후퇴하고 소멸하는 것이 자연의 이치이다. 반대 목소리가 아무리 옛것의 지속을 주장한다고 하더라도 사회의 발전이 역전될 수는 없다.

백화점 영업에 반대하는 의견 중에는 다음과 같은 것이 있다. 즉, 종래의 소규모 경영으로는 100명이 독립하여 각 기업주의 지위를 차지하였지만, 백화점에서는 그러한 우위를 얻는 사람이 불과 5명에 지나지 않는다. 이것은 다수자를 위한 방법이 아니라고 주장한다.

과연 이 주장이 정당한 것일까? 내 견해로는 이 주장이 터무니없는 것이라고밖에 할 수 없다. 예를 들어, 대규모의 사업이라고 할지라도 유능한 지배인이 있고 다수의 사원이 열심히 최선을 다하지 않는다면 소기의 목적을 절대로 달성할 수 없다. 또한, 각각의 부문에서 업무를 지배하는 사람이 소규모 상점을 경영할 지식의 수십 배의 지식을 가지고 연구 개발에 최선을 다하고, 실행 능력이 뛰어나고, 그 재능을 충분히 발휘함으로써 비로소 사업이 번창할 수 있다.

작은 상점의 주인이 대규모 사업 속 일부분의 지배인으로 바뀌어 종전의 소규모 경영과 비교해서 훨씬 큰 이익을 거둘 수 있다. 만약 작은 상점의 주인이 비범한 능력을 갖췄다면 그 능력을 상점 경영에서 발휘하거나, 아니면 큰 상점에 들어가 실력을 발휘하는 것이 좋은지에 대한 이해관계는 그 자리에서 판단할 수도 있다. 만약 작은 상점의 운영자라고 할지라도 그에게 정말로 재능이 있다면 큰 상점에 들어가더라도 주주나 임원으로 추대될 것이고, 시간이 지나면 사장이 될 수도 있다.

비록 사회에 유익한 사업이라 할지라도 결점이 전혀 없는 사업은 없다. 새로운 사업일수록 그 안에는 새로운 결점이 있게 마련이다. 처음부터 완벽할 수 없다고 생각하고 사업 운영을 하면서 그 결점을 수정하고 배제하는 것이 경영자의 책임이라고 생각한다. 세상에는 불순물이 전혀 포함되지 않은 금괴는 존재하지 않는다. 태양조차도 그 표면에 거대한 흑점이 있다.

그러나 그 흑점은 태양이 빛을 냄으로써 비로소 사람들의 눈에 보이게 되는 것이다. 사업 수완이 뛰어날수록 작은 결점이 크게 보이기 때문에 결점을 문제 삼아 사업 그 자체를 부정하는 것은 흑점이 보기 흉하다고 태양 빛을 가리는 것과 마찬가지다.

트러스트란(trust) 무엇인가?

※

트러스트(독점적 기업 활동)란 전국에 산재해 있는 동업종의 공장을 연합하여 하나의 회사를 조직하는 것을 말한다. 따라서 회사의 매출이 커지더라도 각각의 공장 규모에는 변함이 없으므로 생산량이 감소하는 일은 없다.

덕분에 제품의 가격이 내려가지 않고 때에 따라서는 올라가기도 한다. 그 때문에 사회는 트러스트를 경쟁을 피하기 위한 술책이라고 비난한다. 트러스트를 옹호하는 사람들은 제일 먼저 운송비 절감을 주장한다.

각 공장이 각각의 영업 구역을 정하고 다른 구역을 침입하지 않는 경우에는 제품의 운송비를 절감할 수 있다. 이것은 생산비 속에 제품의 운송비 단가가 큰 철제의 경우에는 표면적으로 매우 큰 이익을 가져다준다.

그러나 동일 업종 중에서 거대한 공장이 있다면 그 제품은 그 지방의 수요를 충족시키고도 여유가 있고, 처음부터 생산비가 적게 들기 때문에 운송비를 투자하여 먼 곳까지라도 그 지방의 소규모 공장보다 싼 가격에 공급할 수 있다.

그래서 각 지역에 산재해 있는 소규모 공장은 설령 운송비 차원에서는 유리하더라도 그 외의 점에서는 대규모 공장을 이길 수가 없다.

따라서 트러스트에 대하여 바로 말하자면 여기에 참가한 소규모 공장들은 모두 생산을 멈추고 한 곳에 대규모 공장을 건설하여 자신들에게 할당된 지역에서만 판매하는 것이 이상적이다. 하지만 이러한 이상은 대부분 실현이 불가능하다. 단, 소비자에 대하여 싼 가격에 상품을 제공할 수 있다는 사실만은 분명하다.

사회는 '트러스트'라고 하는 말을 들으면 생산, 분배를 독점하고 경쟁을 억제하여 판매 가격을 올린다고 생각하며 이것을 도둑질과 같은 행위라고 치부한다. 사실 사회의 모든 트러스트가 맘대로 독점을 하는 조직이라면 이 말에 반론의 여지가 없을 것이다. 하지만 사실에 대하여 자세히 살펴본다면 반드시 사회의 비평이 정당하다고 할 수 없다.

예외적인 트러스트

*

또한 결과적으로 완전한 독점이라 할지라도 특허권자가 그 특허권과 관련된 상품의 생산과 판매를 독점하는 것은 법률적으로도 인정하고 있는 행위이다. 발명을 보호하고 일정 기간 독점 권리를 인정하는 것은 국가 제도로서 타당한 것이고, 세부적인 차이는 있지만 세계의 모든 나라가 거의 같은 제도하에 발명을 권장하고 있다. 발명을 위해 투자한 거액의 자본 회수도 가능하여서 기업은 앞다투어 발명에 노력을 기울이고 있다. 이것은 결과적으로 산업 혁명과 발전을 촉진해 사회의 이익이 된다. 따라서 특허권에 의한 독점은 비난할 수 없다.

특허권 이외의 독점 경우는 먼저 원료의 독점이 있다. 그 예로 스탠더드 석유회사의 독점을 들 수 있을 것이다.

 오늘날 미국 석유 생산지의 대부분은 스탠더드 석유회사와 결합한 트러스트의 세력하에 있고 이 안에서 석유 원료를 사는 것은 법적으로 가능하나 실제로는 매우 어렵다. 스탠더드 석유회사가 그 원료를 독점하고 있는 동안은 사실상 회사의 석유 생산과 배분을 독점할 수 있다. 미국의 법률은 시민이 스스로 원료를 독점하는 것을 인정하고 있다. 미국 시민은 자신이 필요에 따라 어떤 물건을 얼마든지 사들일 수 있는 권리를 가지고 있다. 또한, 실제로 원료의 독점에 성공하고 있는 석유 산업만이, 그것도 스탠더드 석유회사 단 한 곳뿐이라는 사실을 보면 새로 법률을 제정하여 원료를 사들일 권리를 제한하는 것은 결코 바람직하지 않다.

 만약 그런 제한을 한다면 석유 이외의 업종에 구매와 매각에서 온갖 트러스트의 결성을 촉진하는 원인이 될 뿐이다.

 스탠더드 석유회사의 석유 독점은 이 회사 창립자의 기민함과 독점을 쉽게 만든 석유 산업계의 특별한 사정에 의한 것으로, 앞으로 다른 업종에서 같은 일이 일어날 가능성은 거의 드물다.

 또한, 스탠더드 석유회사의 규모가 대단히 크기 때문에 다른 회사가 싼 가격에 석유를 공급하는 일은 거의 불가능하다. 이러한 사정으로 미루어 볼 때, 스탠더드 석유회사의 트러스트에 대해서는 다른 트러스트와 같게 치부할 수가 없다.

어째서 트러스트가 가능한가?

※

 철, 철강, 그 외의 공업 원자재 등의 중간 제품 판매 가격은 항상 상장에 의해 좌우된다. 그것을 제조하는 사람은 불경기에 허덕이지만, 시간이 지나면 한동안 가격이 폭등하여 큰 이익을 얻을 수 있다.

 그러나 그 이후 다시 침체기가 오면서 타격을 받고, 힘들게 축적한 이익도 순식간에 사라져 버린다.

 원래 시장이 침체해 있는 동안에는 모든 공장이 그 규모를 확장하지 않는다. 하지만 그 기간에도 합중국의 인구는 끊임없이 증가하기 때문에 그 수요 또한 해마다 증가하고 있다.

 그리고 수요가 공급을 초과하는 날이 반드시 찾아온다. 그 날을 경계로 가격은 연일 상승하기 시작하는데, 수요가 늘어났다고 갑자기 생산량을 늘리려 하더라도 철강의 경우에는 원료가 땅에서 파낸 제품이기 때문에 아무리 서둘러 생산량을 증가시키려고 하더라도 1~2년은 걸린다. 그래서 수요는 급증하더라도 공급이 이것을 따라잡지 못해 가격이 폭등하게 된다.

이 시기에는 공장의 확장을 마치고 모든 수요를 맞출 수 있기 때문에 공급 과잉이 되어 시장 가격은 순식간에 폭락한다. 한 번 시장의 폭락이 시작되면 공장의 경영자는 판매량을 늘려 수입을 유지하려 하므로 더욱더 공급 과잉이 되고, 그 결과 심각한 불황에 빠지게 되면서 쉽게 회복하지 못하는 타격을 받는다.

제조업자의 대부분이 생산원가를 밑도는 가격으로의 판매가 불가피해져 팔면 팔수록 손해가 발생하고 결국에는 파산 직전에 이르고, 업자 중에 누군가는 반드시 생산량과 판매 가격 협정을 요구할 때 제조업자는 이렇게 말한다.

"오늘 우리가 이렇게 고통받고 있는 것은 모두 다 무모한 경쟁 때문이다. 경쟁은 야만하고 무지한 자들이 하는 짓이다. 우리는 모두 형제다. 서로 도와가며 지금의 손실을 피하도록 하자."

이렇게 해서 제휴가 시작되고 각종 계약이 오간다. 하지만 이 계약들은 지켜질 계약이 아니라 깨기 위한 계약이다.

트러스트 결성이 순조롭게 진행되지 않을 때는 운동을 책임진다는 명목하에 수상쩍은 브로커가 등장하게 된다. 협정을 깰 가능성이 있는 공장을 트러스트로 사들일 수 있도록 알선 명목으로 노화되어 사용할 수 없는 공장을 트러스트로 고가에 팔아넘기는 것이 그들의 일이다. 다소의 예외는 있지만, 대부분의 트러스트는 이렇게 하여 성립된다.

트러스트가 만약 시장이 호황일 때 성립이 된다면 대부분의 트러스트는 크게 성공하여 산업계는 경쟁을 완전히 막을 수 있어 트러스트는 공장 경영에 있어 그야말로 만능 고약과 같은 효과를 올릴 것이다.

사회는 일시적인 가격 상승에 놀라며 불만을 토로하면서 공격하나 이 시기에는 모든 물가가 올라가기 때문에 가격의 상승은 트러스트의 결과가 아니라 자연스러운 것이라고 강조하여 결국은 저절로 받아들여지는 것은 확실하다.

트러스트가 효과적으로 기능하면 경쟁은 일시적으로 저해될지도 모른다. 때로는 일시적인 저해에 멈추지 않고 경쟁 그 자체를 완전히 방지할지도 모른다. 하지만 이런 일은 일시적인 상황이고 경쟁은 반드시 부활한다. 예를 들어 트러스트에 가입하고 있는 업자의 이익이 매우 크다고 하자. 내외의 자본가들은 항상 눈을 가늘게 뜨고 유리한 사업을 찾고 있기 때문에 반드시 찾아내게 된다.

우선 회사 중역의 친척이나 트러스트 담당자의 친척 등은 그 사업으로 폭리를 취할 수 있다는 사실을 알게 되면 친구인 자본가와 상담하여 공동으로 트러스트가 아닌 새로운 공장을 세울 계획을 짤 것이다.

그들이 건설하는 공장의 규모는 작지만, 트러스트 가맹 공장과 같은 제품을 만들고 같은 제품을 판매한다. 만약 제삼자가 새로운 고객을 개척하기 위해 판매 가격을 내린다면 트러스트 가맹 공장도 이에 대항하기 위해 판매 가격을 내릴 수밖에 없다.

이 경우 신공장의 손실은 미미하지만, 트러스트에 가맹한 모든 공장의 손실은 1파운드당 1센트의 가격 하락이라 할지라도 모두 합치면 수천 달러에 달하게 된다. 그 때문에 트러스트는 거액의 자금을 들여 신공장을 매입하려 한다.

작은 공장을 시작하여 트러스트에 대항하려 하는 사람은 그 사업의 성패와 상관없이 트러스트에 공장을 처분하여 거액의 자금을 얻을 수가 있다. 이런 사실이 알려지면 순식간에 추종자가 나타난다. 트러스트가 공장 하나를 사들이면 두 번째 공장이 나타나고, 두 번째 공장까지 사들이면 또다시 세 번째 공장이 나타난다. 결과적으로 트러스트가 실패할 때까지 이런 일이 계속해서 반복된다.

어떤 제품의 트러스트고 만약 이 트러스트가 부당한 폭리를 취한다면 이처럼 반드시 트러스트 자신 속에 자멸의 싹을 키우게 되는 것이다.

해설

**본문의 '트러스트'라고 하는 말을 현재의 의미로 정의하자면 카르텔, 트러스트, 콘체른의 세 가지를 혼합한 내용이다.

앞에서 '전국에 산재하여 있는 동 업종의 공장을 연합하여 하나의 회사를 조직한다.'고 하는 것은 다음 세 가지 경우를 생각해 볼 수 있다. 첫째, 주식의 의결권만을 집약하여 사실상 한 사람, 혹은 몇 명의 리더에게 신탁(트러스트)하여 회사의 중요 정책의 결정권을 위임하는 것이다. 초기의 스탠더드 석유는 이 방법으로 록펠러의 지휘 하에 40개 사 이상의 독립 석유회사를 집약한 트러스트였다.

또 하나는 카르텔로 각사가 원칙적으로 대등한 입장에서 상호 협정하여 구매 가격, 판매 가격, 판매 지역, 판매 시기 등을 결정하는 것이다.

마지막으로 회사끼리 서로 주식을 나눠 가지는 경우와 어느 한쪽의 회사가 다른 한쪽 회사의 의결권을 좌우할 수 있는 양의 주식을 가지고 사실상 자회사로 만드는 경우, 혹은 회사끼리 합의로 합병해 버리는 기업 합병이다. 이것을 콘체른이라고 한다.

결합의 강도로 본다면 콘체른이 가장 강력하고 처음의 트러스트가 가장 약하다. 또한, 원문의 문맥으로 볼 때 여기서 말하는 트러스트는 카르텔을 지적하고 있는 경우가 많다.

또한, 『부의 복음』이 간행된 이듬해에 이국에서는 독점 금지법의 원형인 셔먼 트러스트 법이 제정되어 '트러스트와 카르텔은 사회의 악'이라는 합의가 성립되었다. 하지만 실제로는 법률상의 빈틈이 많았기 때문에 처음 한동안은 단순한 훈시 규정에 불과했다.

카네기는 트러스트에도 카르텔에도 참여하지 않고 혼자의 힘만으로 콘체른을 구축하였는데, 그 성장 과정에서 카네기 스틸은 자주 트러스트와 카르텔의 표적이 되었다. 즉, 동 업자들의 말을 빌리자면 카네기는 돈벌이 이야기에 유혹되지 않는 '말귀가 통하지 않는 사내'였던 것이다.

경제법칙과 트러스트

*

　미국내에서 트러스트를 볼 수 있게 된 것이 그리 오래되지 않았지만 이미 그 그림자가 완전히 사라진 트러스트는 많다. 현존하는 것의 대부분은 그 형태를 잃어버린 채 아무런 힘도 없다.

　현존하는 트러스트 중에서 활발하게 활동하면서 제대로 된 독점권을 손에 넣은 것은 단 한 곳도 없다고 단언할 수 있다.

　금속 반제품 업계 대부분은 몇 번인가의 트러스트 결성을 꾀하였지만, 거액의 지출을 했을 뿐 성과를 올리지 못했다. 이제 더는 트러스트라는 말을 들어도 아무런 반응을 하지 않는 것이 보통이다.

　트러스트 결성은 산업 발전에는 바람직하다. 우선 트러스트 결성 효과로서 상품 가격이 폭등하지만, 이것이 영구적으로 지속하지는 않고 반드시 하락하게 되어 있다. 왜냐하면, 산업계에서 아직 활용되지 않은 자본은 트러스트로 얻는 폭리를 보고 반드시 이것과 경쟁하는 사업이 발생하기 때문이다.

그로 인해 반드시 생산력이 수요를 초과하여 가격이 하락한다. 그래서 최후에 공장을 건설하는 사람은 반드시 최신 방법으로 생산하기 때문에 그 생산비는 종래의 공장보다 싸게 된다.

트러스트가 없다면 일어나지 않을 기술 혁신도, 경영 혁신도 트러스트가 결성된 덕분에 발생하게 되어 결과적으로는 구식 공장과 경영을 일소시켜 생산비 절감을 바탕으로 새로운 가격이 형성되는 것이다.

비록 일시적으로 트러스트로 인한 가격 상승이 일어난다고 하더라도 제일 먼저 무너지는 것은 기술 혁신이나 경영 혁신을 하지 않고 트러스트를 통해 생명력을 연장한 구식 공장의 경영자가 된다. 하늘의 이치는 바로 이러하다.

경제를 지배하는 모든 법칙은 사람의 천성으로부터 나와 필요에 따라 움직이는 것이다. 인간 사회에서의 경쟁은 자연의 법칙이고, 이것을 저지하는 행위는 모두 실패로 끝나게 되어 있다.

신문지상에서는 거의 날마다 어떤 식으로든지 트러스트 결성에 대한 뉴스가 보도되고 있지만 대부분의 트러스트는 아침에 나타났다가 저녁에 그 모습을 감춰버리는 잠자리와도 같은 것이다.

만약 공장의 경영자가 트러스트의 유혹을 받았을 때는 제일 먼저 그 결과를 심각하게 고려한 뒤 거부를 하여 무익한 곳에 자금을 투자하기보다는 기술 혁신과 경영 혁신에 자금을 투입해야 할 것이다.

트러스트든 흡수 합병이든 자본의 합체는 그 목적이 물가의 하락으로 이어지지 않으면 안 된다. 그로 인해 지금까지 왕후 귀족, 혹은 부자들만의 점유물이었던 물건과 편리함을 가난한 사람들의 집에까지 가져다주어 그들의 행복으로 이어져야만 하는 것이어야 한다.

하지만 트러스트에는 이러한 힘이 없다. 이렇게 본다면 트러스트를 정말로 두려워해야 하는 사람은 오로지 트러스트의 힘만 믿으며 역경에서 벗어나려다 오히려 파멸의 길을 가는 사람뿐이라고 할 수 있다.

제4장
노동문제와 경영자의 견해

과거 노동자의 상태

*

 과거 300년 동안 노동자는 제일 먼저 권력의 억압과 맞서 싸워야 했고, 그다음으로 자본의 억압에 맞서 싸워왔다. 그러는 동안 다소의 기복은 있었지만 그들의 노력과 시대의 변화로 노동자는 지금의 지위를 얻을 수 있게 되었다.

 과거의 노동자들은 주인의 소유물이자 권리와 자유를 인정받지 못했다. 이것을 영국의 역사를 통해 살펴보면, 17세기 초 셰익스피어 시대에 이르기까지 농노(農奴)제도가 있었다.

 당시의 노동자는 다시 말해서 주인의 노예였고, 농노는 토지의 부속물로서 그 토지에 심어놓은 나무나 잡초와 하등 다를 것이 없었다. 그들은 토지와 함께 매매되어 어떤 주인 밑에서 일을 하게 되든 농노는 절대로 이의를 제시할 수 없었다.

이 시대에는 파업도 없고, 노동조합도 없이 고용자와 고용주 사이의 논쟁도 없었다. 이것은 그럴 필요가 없었기 때문이 아니라 오로지 노동자에 대한 압박이 강렬했기 때문에 그들이 반발할 기력조차 갖지 못했기 때문이다.

지금 내 손에 들고 있는 '영국 직공 동맹'을 보면, 119페이지에 이렇게 적혀 있다.

"법률은 광산 소유자만을 보호하고 노동자는 해고되지 않는 한 광산을 떠날 수 없다. 광산이 팔리면 그들은 광산의 투자 자본의 일부로서 거래되었다. 만약 그들이 광산에서 도망쳐 다른 곳에서 일하다가 붙잡히면, 광산의 소유자는 노동자를 광산으로 데리고 돌아와 그 노동자를 강도죄로 벌할 수 있다. 1779년이 되어 이 법률이 개정되었지만, 완전히 폐지된 것은 1799년이 되어서이다."

프랑스에서는 1806년까지 노동자는 모두 면허증이 없으면 일을 할 수가 없었다. 러시아의 경우에도 농부가 토지와 함께 매매되는 풍습이 최근까지 남아 있었다.

이런 것들을 현재와 비교해 보면 노동자 자신에 관한 변화가 빠른 것에 놀라지 않을 수 없다. 그리고 오늘날에는 미국, 영국을 필두로 세계의 모든 문명국에서는 노동자의 지위는 독립되어 주인과 주종관계가 아니다. 노동자를 고용하는 사람은 노동자의 주인이 아니라 노동력을 구매하는 사람이고, 노동자 또한 노동력을 제공하는 사람으로 고용자에게 종속된 종이 아니다. 인간으로서 서로 대등한 관계인 것이다.

　노동자는 자신의 노동력을 누군가에게 자유롭게 팔 수도 있고, 물론 팔지 않을 자유도 가진다. 이것은 과거의 영국 법률이 노동자의 의사와 상관없이 노동을 시킨 것과는 근본적으로 다르다. 노동자가 노동을 제공하기로 한 약속을 이행하고 그 임무가 끝나면 고용주를 위해 일할 의무는 전혀 없다.

　현재의 노동자들은 정치적으로도 자유로운 것은 물론이고 경제적으로도 고용주와 대등한 권리자로서 인정을 받고 있다.

노동쟁의의 원인

*

 노동자의 권리가 개선된 것은 역사가 말해주는 바와 같지만 지금 상태로 자본과 노동자의 관계가 완전히 정해졌다고 단정할 수 없는 것도 사실이다. 둘 사이에는 끊임없는 이해관계의 충돌이 일어나고 있고, 앞으로도 그 관계에 대해서는 많은 개혁이 이루어지지 않고서는 산업계의 평화를 바랄 수가 없다. 원래 자본과 노동은 서로 협력하여 조화와 발전을 바라야 함에도 서로 충돌을 일으키고 있는 것이 지금의 현실이다. 예를 들어보자면 프랑스의 한 공장에서는 직공들이 연합하여 경영자는 물론이고 지배인의 집까지 공격하여 지배인을 살해한 사건이 있다고 한다.

 또한, 직공들이 그 직무를 내버려둔 채 무리를 이루어 거리를 활보하여 치안을 어지럽게 했다고 한다.

영국에서는 선덜랜드의 모 조선소에서 장기간에 걸친 자본가의 공장 폐쇄로 인해 수많은 노동자와 가족들의 생활이 어려워져서 아사 직전의 상태라고 전해졌고, 레스터에서는 노동자끼리 싸움이 나서 아수라장이 되었다고 한다.

이러한 예들은 유럽뿐만이 아니라 미국에서도 최근 노동쟁의, 파업이 많이 발생하고 있다. 이 모습을 본 사회의 지식인들은 자본과 노동의 힘 관계가 정상이 아니므로 이러한 현상이 잦다고 주장한다.

파업이든 폐쇄든 간에 설령 성공하거나 실패를 한다고 하더라도 결과만으로는 잘잘못을 판단해서는 안 된다. 이것은 국가 간의 전쟁처럼 힘이 있는 나라가 옳다고 치부하는 것과 마찬가지로 자본의 분쟁에서 잘잘못을 따지는 것은 아무런 의미가 없다.

지구에서 모든 전쟁이 사라질 때까지는 진정한 문명의 영역으로 들어갔다고 할 수 없는 것과 마찬가지로 파업과 폐쇄가 사라질 때까지는 자본과 노동의 관계가 완벽해졌다고 할 수 없다.

분쟁의 모든 원인은 노동자에게 불만이 있고 자본가와의 관계에 조화가 존재하지 않아서이다.

예를 들어 농가가 농업 노동을 위해 몇 명의 노동자를 고용, 혹은 부자가 집사와 요리사와 가정부를 고용했을 경우, 그들은 모두 노동자임에 변함이 없지만, 지금까지 파업했다는 소리를 들은 적이 없다.

몇 명의 노동자로 운영되는 기업에서도 노동자 사이에서 불만의 목소리가 터져 나오는 것은 매우 드문 일이다. 이런 점을 고려할 때 내가 말하는 범위는 최근의 대자본가들에 의한 사업에 그 초점을 맞춘 것이다.

비현실적인 생산 조합

✶

　노동자 우대방법으로 제일 먼저 논해야 할 것은 생산조합이다. 이것은 노동자를 조합원으로 하여 공장이 창출해 내는 이익을 나눠주는 것으로 마치 농민이 자신이 경작하는 토지 모두를 소유하는 것과 같다. 따라서 노동자 또한 독립된 인격체로서 자부심을 가지고 개인으로서 더 유익한 사람이 되어 국가를 위해서라도 신뢰받는 국민이 되어야 한다고 주장하는 것이다.

　그러나 아쉽게도 생산조합의 성립에는 대단히 곤란한 점이 있다. 그것은 제조업, 광업, 상업 등에서도 일어나는 것으로 어쩔 수 없다.

　지금 여기에 두 명, 혹은 두 개의 회사가 있어 보일러, 철공장, 방

직공장, 운송업과 상업을 시작했다고 가정하자. 영업하는 토지가 같고 자본과 신용도 똑같다고 한다면 경영자의 역량을 모르는 제삼자는 아마도 이 두 개의 회사가 같은 정도의 성공을 거둘 것으로 판단할 것이다.

그러나 실제로는 그렇게 되지 않는다. 특정 기간이 지나 이 A, B 두 개의 회사를 관찰하면 그 차이가 확실해진다. A사는 최신 설비를 가지고 있고 해마다 거액의 이익을 창출하여 상여금과 배당금 등을 주기 때문에 노동자들은 만족하고, 노사 간에 화기애애한 마음으로 단결하여 업무에 집중하는 것은 물론이고, 경쟁 공장의 뛰어난 기능직원까지 영입할 수 있다.

이와 반대로 B사의 설비는 노화되고 영업부진으로 인해 임금이 적기 때문에 처음부터 상여금이나 배당금은 꿈도 꿀 수 없다. 힘들게 영업을 지속한다고 하더라도 부채만 늘어갈 뿐이다.

이처럼 두 개의 회사에서 일하는 노동자는 임금, 대우, 장래성 등을 고려하여 수완과 재능이 있는 사람일수록 더 나은 조건의 회사로 이직하는 것은 당연한 일이다. 설령 이직하지 않는 노동자라고 하더라도 마음속에 불만을 품고 경영자의 무능으로 인해 노력에 걸맞은 보수를 주지 않는 것은 노동 탈취와 마찬가지라고 여기게 된다.

이러한 일은 하나의 회사가 흔히 말하는 생산조합으로 직원들의 수뇌가 경영자가 되어 그 이익을 아낌없이 모두 직원들에게 분배한다고 하더라도 결과는 변하지 않는다.

지금 여기에 직공들이 다수 모여 공장을 경영한다고 하더라도 현재 직공의 지식으로는 다년간 실업경영의 훈련을 쌓은 사람과 경쟁하여 이길 수 있을 것이라고는 생각할 수 없다. 다행히 성공한다고 하면 그것은 수많은 노동자의 능력에 의해서가 아니라 업무를 담당하는 사람 중에 경영 수완이 뛰어난 인물이 있기 때문이다.

오늘날 노동자가 이익의 분배를 받고 노사 쌍방이 잘 돌아가고 있는 나라는 세상에 두 나라밖에 없다. 그것은 바로 영국과 프랑스이다.

그러나 그 실태를 들여다보면 이 두 나라 모두 현재의 소유주가 창립한 것으로 현재의 경영자는 창립에 전혀 관여하지 않았다. 실제로는 소유주의 배려로 이익을 직원들에게 분배하고 있을 뿐이다.

만약 이러한 천부적인 재능을 타고난 소유주가 은퇴를 했다면 이 공장들이 지금의 번영을 유지할 수 있을지 상당히 의문스럽다. 아마도 번영은 유지되지 못했을 것이다.

문명이 진보하여 사람들의 이상이 향상되면 실업에 재능이 있는 사람이 나서서 생산조합에 들어가 자신을 위해서가 아니라 공장의 모든 노동자와 그 가족의 이익을 위해 일하는 시대가 올 것은 부정할 수 없다.

　실제로 그렇게 된다면 자본과 노동의 문제는 모두 깨끗하게 해결될 것이다. 하지만 이것의 실현은 꿈과 같은 이야기로 현대를 살아가는 사람들이 취할 길이 아니다.

노사 분쟁 중재위원회에 대하여

*

노사 간의 분쟁이 생기면 일단 문제 해결을 공평한 중재자에게 맡겨야 한다는 주장이 있다. 이것은 생산조합과 비교하여 온건하고 착실한 방법이다. 실제로 이러한 위원회가 가능하다면 그 전에 노사가 모두 지켜야만 하는 하나의 원칙을 제안하기로 하겠다.

우선 노사 간에 분쟁이 발생하면 반드시 한쪽에서 타협안을 제시하고 다른 한쪽이 이것을 거부하면 비로소 공장을 폐쇄하거나 파업을 해야 한다. 이 수단을 거치지 않고 노사 어느 한쪽이 실력 행사를 하게 된 경우에는 이것을 불법 행위로 단정한다.

오늘날처럼 노사 간의 분쟁이 격렬하여 당사자 간에 냉정하게 대화를 나누기 어려울 경우에는 이해관계가 없는 제삼자에게 조정을 의뢰하는 것은 상황에 따라 이루어지고 있는 일이다.

그러나 이와 같은 분쟁의 조정을 할 경우에는 당연히 회사의 수익 상황 전망 등을 조정자가 정확하게 알아야 한다.

제삼자가 회사의 수익 상황의 설명을 듣더라도 그것을 이해할 수 있는 능력이 없으면 아무런 의미가 없을 것이고, 완벽하게 이해하였다고 하더라도 그 사람이 당면한 경쟁 상대라고 한다면 인정상 모든 것을 알리기를 주저하는 것은 당연하다.

아쉽게도 미국에서는 오랜 세월 실업에 종사하다 노후에 은퇴하는 사람이 없이 거의 대부분 사람들이 최후의 순간까지 현역으로 활동하고 있다. 하지만 영국처럼 실업가가 상당한 부를 축적하면 은퇴하여 여생을 편하게 지내는 풍습이 있다면, 이런 사람들을 중재 위원으로 삼으면 딱 맞는 적임자라고 할 수 있을 것이다.

또한, 저지 씨, 와일 씨처럼 이전에 직공 동맹의 수장으로 활약하고 현재는 그 자리에서 물러난 사람들도 노동문제에 대하여 특별한 지식을 가지고 있고 실업계의 사정도 잘 알고 있기 때문에 위원으로 위촉하여 공평한 입장에서 적정한 해결책을 권고할 수 있을 것이다.

노동조합에 대하여

＊

  노사 간에 문제에서 노동자들이 결성한 노동조합이 큰 힘을 가지고 있는 것에 대해서는 자주 문제가 되는 일이다. 영국에서는 노동조합을 결성하는 것은 노동자의 당연한 권리로서 막을 수가 없다.

  그러나 미국에서는 노동자가 노동조합을 결성할 권리를 갖는 것에 대하여 의문을 품는 사람들이 있다. 이것은 매우 안타까운 일이다. 그렇지만 이러한 주장을 하는 사람은 차츰 감소하고 있어 노동자의 권리가 영국처럼 인정받는 날이 반드시 올 것이다.

  노동자가 모여 조합을 결성할 권리는 신성한 것으로 법률로 막아서는 안 된다. 이것은 자본가가 모여 조합을 결성하여 각종 문제를 협의할 권리와 동등한 것이다. 영국에서는 모든 노동자가 조합을 결성할 권리를 갖는 것과는 달리 미국에서는 이 권리를 제한하고자 하는 움직임이 있는데, 이것은 미국사회의 수치이다.

내 경험으로 미루어 볼 때 노동조합은 노동자의 이익이 되는 것은 물론이고 자본가에게 있어서도 매우 유익한 조직이다. 그 이유는 조합이 노동자를 교육하는 데 매우 적절한 조직이기 때문이다.

특히 자본과 노동의 관계처럼 정확하게 그 관념을 가르쳐 줄 수 있는 것은 노동조합 말고 달리 적당한 기관을 찾을 수가 없다. 이것은 자본가에게 있어서도 매우 유익한 일이다.

노동조합이 결성되면 노동자 중에서 가장 유능하고 리더십이 강한 사람이 조합장이 되는 것은 자연스러운 일이다. 이것은 자본가의 이익이기도 하다. 왜냐하면, 노동자가 총명하면 문제 대부분을 대화로 해결할 수 있기 때문에 자본가와의 분쟁이 적어진다.

노동자는 보통 자신의 의견을 발표하여 자본가와 교섭하는 것에 익숙하지 않다. 자본가가 제아무리 성실하게 노동자의 의견을 들어주려 하더라도 노동자가 무엇을 말하고자 하는지 이해할 수 없다면 충분한 대응을 할 수 없다. 또한, 가령 자본가가 노동자의 의견을 수렴한다고 하더라도 그 말의 뜻을 완벽하게 이해할 수 있는 노동자는 많지 않다.

따라서 적당한 조합이 없는 경우에는 노동자와 자본가의 교섭은 서로 상대의 의견을 이해하지 못한 채로 위압적으로 상대를 압박하거나 교묘한 말솜씨로 그 자리를 얼버무리려 할 것이다.

이 때문에 노동자들이 동료중에서 가장 총명한 사람을 선별하여 그 의사를 대변하게 하는 것은 자신이 직접 교섭에 참가하는 것보다 현명한 방법이다. 왜냐하면, 교섭하는 사람이 총명하면 그 사람의 권리는 물론이고 의견도 존중되기 때문이다. 같은 말이라도 A의 말이라면 귀를 기울여주는 사람이 많지만, B의 이야기는 아무도 제대로 들어주려 하지 않는다는 사실은 흔히 볼 수 있는 일이며 노사의 교섭에서 또한 예외가 아니다.

또한, 교섭하더라도 노동조합의 수장이 되면 자본가의 발언이 일시적인 속임수에 불과한 것인지, 아니면 성실하게 수행할 의사가 있는 것인지를 확실하게 꿰뚫어볼 수 있는 능력이 있다. 따라서 교섭을 할 때도 처음부터 흥정하는 것 같은 발언을 하여 서로 상대의 신뢰를 잃는 일은 하지 않는다.

따라서 회사의 현실을 잘 파악하고 있고 시장의 상황을 이해할 수 있는 사람이 노동조합의 지도자라면 사업 부진의 경우에는 임금 삭감의 상담에도 쉽게 응해준다.

그 밖에도 회사가 노동조합과 상담하여 노동자의 업무에 관한 지식 향상을 꾀한다면 장기간에 걸쳐 기계와 원료 등에 커다란 경제적 이익을 창출할 수 있다.

이것이 당연히 노동자의 임금에도 좋은 영향을 줄 수 있다는 것은 두말할 필요도 없다. 이렇게 노동조합이 있고 그 지도자가 총명하다면 자본가는 조합이 없는 공장보다 훨씬 안심하고 업무를 진행할 수가 있다.

대규모 공장과 노동조합

*

 노사 간의 분쟁이 일어나기 쉬운 것은 대부분 대규모의 공장이다. 그중 대부분은 공장 경영자가 직접 업무를 관리하지 않고 지배인 등에게 일임하고 있다. 하지만 이 지배인들은 공장에서 일하는 노동자에 대하여 영구적인 이해관계에 있는 사람이 아니다. 그들은 월말 정산에 맞춰 주주에게 평소보다 많은 배당을 확보하면서 자신의 지위를 지키기 위해 노력한다.

 또한, 자신의 임기 중에는 이사회와 주주로부터의 간섭을 최대한 피하면서 자신이 원하는 대로 자유롭게 조종할 수 있도록 하는 것이 그들의 최대 관심사이다. 물론 이런 사람들은 공장에서 일하는 노동자의 생각이나 희망 따위는 안중에도 없다. 바로 이러한 것들이 파업을 촉발시키는 원인이 되는 것이다.

이와 달리 소규모 공장은 소유자가 직접 노동자들과 접하면서 그들의 인간성, 희망, 가정의 사정까지 속속들이 잘 알고 있는 경우에는 파업이 일어나는 일이 거의 없다. 이것은 파업의 시시비비를 따지기 전에 주목할 만한 일이다.

공장에서 분쟁이 발생한 경우에 그 책임은 제일 먼저 공장의 소유자에게 있다. 사장이라 불리고 오너라고 칭하는 자본가라고 할지라도 공장의 소유자가 공장에서 수백 km 떨어진 먼 곳에 살면서 일 년에 고작 한두 번 공장에 들르는 정도라면 파업의 모든 책임은 공장의 소유자에게 있다는 말을 들어도 어쩔 수가 없다.

이것은 공장의 지배인도 마찬가지이다. 지배인이 자주 노동자들의 대표자와 대화를 나누며 노동자들의 의견을 수렴하고 회사의 방침에 대한 이해를 요구할 경우에는 노동자와의 분쟁 때문에 고생하는 일은 줄어들 것이다.

큰 회사를 소유하고 있는 사장의 경우에는 직접 수많은 노동자를 다 아는 것은 불가능한 일이다. 따라서 노동자의 대표와 자주 대화를 나누며 의견과 희망을 들어준다면 자본가와 노동자의 관계는 더 친밀해질 수 있다.

이럴 경우 노동조합이 있다면 노동자 대표를 일방적으로 지명하지 않고 진정으로 노동자의 뜻을 수렴하고 대표할 수 있는 사람을 조합원들이 직접 선출하기 때문에 회의에서 결정된 것을 노동자들이 지키기 쉬워진다.

  이렇게 해서 노동조합은 자본가와 노동자의 관계를 위협하는 것이 아니라 오히려 비가 온 뒤에 땅이 굳어지듯이 서로의 관계를 보다 친밀하게 해준다. 특히 노동조합이 한 공장의 노동자만으로 결성된 경우에는 이 관계가 훨씬 원활할 수 있다.

노동조합의 존재는
회사의 이익이 된다

*

노동자와의 친밀한 대화를 통해 생각지 못했던 이익이 발생하는 일은 자주 있다. 내가 과거 피츠버그 공장에서 노동자 대표와 만나 잡담을 나누고 있을 때, 한 노동자가 이렇게 말했다.

"일반 노동자들은 매월 말에 급여를 받지만 한 달간 생활을 유지할 수 없으므로 매달 중순이 되면 근처 상가에서 현금보다 25%나 비싸게 외상을 지고 있다."

그래서 나는 이렇게 물었습니다.

"만약 회사에서 2주마다 급여를 정산한다면 그런 불필요한 지출을 줄일 수 있겠는가?"

그는 주저 없이 이렇게 말했다.

"그렇게 해준다면 정말 고맙겠지만 사무 일이 늘어날까 봐 감히 말을 못했습니다. 하지만 급여가 매달 두 번씩 지급된다면 노동자들의 입장에서는 5%의 급여가 오르는 효과가 있지요."

즉석에서 노동조합 위원 모두가 그의 의견에 찬성하였기에 나는 그달부터 당장에 급여를 매월 두 번씩 지급하기로 했다.

또, 이런 일도 있었다. 한 노동자 대표가 내게 이렇게 말했다.

"우리는 매일 석탄 속에 파묻혀서 일하고 있지만, 집에 돌아가서는 근처 연료 상점에서 석탄을 사고 있습니다. 그 가격이 회사가 사들이는 최상급 석탄의 두 배가 넘습니다."

나는 당장에 회사 석탄을 노동자들의 가정에 회사가 사들이는 가격에 제공하고 그 대금을 급여에서 정산하겠다고 제안했다. 물론 이 제안은 노동자 대표에게 즉석에서 받아들여졌다.

회사는 이렇게 해서 노동자들의 각 가정에 석탄을 배송할 운임만 부담하였지만, 노동자들에게 돌아가는 이익은 그보다 훨씬 큰 것이었다.

그들은 나를 만날 때마다 노동력의 절감과 함께 생산성을 높이고 기계의 개량 등의 온갖 제안을 하였고, 그 덕분에 회사가 노동자에게 약속해 주었던 것 이상의 큰 이익을 회사에 선물해 주었다.

이런 일들은 내가 자주 노동자 대표와 만나지 않았다면 그들이 일부러 나를 찾아와 말해주지 않았을 것이고, 또한 회사가 자발적으로 느끼지도 못했을 것이다.

내가 대규모 사업장에 노동조합을 만들도록 원조하면서 노동자 중에서 대표를 선출하게 하여 그들의 고통과 희망을 지속해서 들을 기회를 가져야 한다고 주장하는 것은 바로 이러한 경험에 의한 것이다.

자본가가 아무리 현명하다고 하더라도 생산 현장의 지식은 기계를 운전하고 원료를 다루고 있는 노동자들에게 미치지 못하는 것은 당연하다.

만약 자본가와 노동자의 관계가 친밀해진다면 노동자가 자발적으로 기계를 개선하고 노동력과 원료를 절감하는 등의 노력을 기울이며 자본가에게 그것을 제안하는 것은 드문 일이 아니다. 이것은 자본가에게는 대단히 큰 이익이다.

그러나 노사 관계가 친밀하지 않다면 이러한 이익은 창출되지 않게 되어 결과적으로 자본가에게 큰 손실이 되고 만다. 자신이 지배하고 있는 공장에서 일하는 노동자를 신용하지 않고, 존경하지 않는 지배인과 자본가는 노동자로부터도 신용과 존경을 받을 수 없다.

그 때문에 그들은 이익을 얻을 기회를 잃고 결국에는 회사로부터도 신용과 존경을 받을 수 없게 되는 것이다.

자본가가 노동자의 대표와 너무 자주 만나는 것은 업무 지장으로 이어질 수도 있다고 여길 수 있겠지만, 내 경험으로 미루어 볼 때 특별한 문제가 없는 한 연간 서너 번으로 정하면 충분하다.

임금의 결정 방법

*

 대규모 공장에서 분쟁이 발생하는 이유 중에 하나는 당시의 경제사정으로 미루어 볼 때 노동자의 임금이 타당하지 않기 때문이다. 그 일례를 들어 설명해 보기로 하자.

 중간재를 생산하는 공장에서는 대략 6개월 단위로 선물(先物)의 매매계약을 한다. 계약 가격은 당연히 계약 당시의 시세이다. 만약 그 가격에 변동이 없다면 공장의 경영에 묘미가 없고 불의의 손실을 보는 일도 없다. 하지만 가격이 끊임없이 변동하여 단기간에 폭등하는 일도 있다.

 예를 들어 1885년 말의 철강 가격은 1톤당 29달러였다. 따라서 모든 공장이 이 가격으로 이듬해인 86년 말까지의 판매 계약을 체결하였다. 그런데 해가 바뀌자마자 철강 가격이 상승하기 시작하여 짧은 시간에 1톤당 35달러까지 뛰어올랐다. 그래서 철강 등의 원자재 가격도 일제히 폭등하여 철강 시장 가격을 기본으로 계약하는 운임도 일제히 상승하고 말았다.

내가 조사한 바로 1886년 상반기 당시의 미국 제강공장의 평균 판매 가격은 31달러 이하였다. 이로 인하여 제강공장을 운영하는 자본가는 35달러와 31달러의 차액만큼 손실이 발생하였다. 설령 이윤을 올린 회사가 있다고 하더라도 그것은 매우 적은 금액에 불과했다.

그러나 제강 공장에서 일하는 노동자들은 매일 신문 보도를 통해 철강 사업이 호황을 누리고 있다는 것을 알게 되면서 임금 인상을 요구해 왔다. 이것은 노동자로서 당연한 요구이고 어쩔 수 없는 현실이었다. 물론 교섭하는 자리에서 회사가 실제로 그 가격으로 판매하는 것이 아니므로 반대로 손해를 입고 있다는 사정을 설명하였지만, 노동자들은 이해를 하지 않았기 때문에 임금 인상을 승낙할 수밖에 없었다. 만약 그들이 파업을 일으켜 자신들의 요구를 관철하려 했다면 자본가는 고객과의 약속을 지키기 위해 다른 곳보다 비싼 철강재를 시가로 사들여서 계약 단가로 제공해야 하고, 그로 인한 손실은 너무나 막대한 것이기 때문이다.

그러나 이 가격의 폭등은 그리 오래가지 않고 약 반년 만에 반전이 되었다. 그 결과 많은 제강 공장이 6개월 동안 시장 가격보다 비싸게 제품을 팔 수 있었다. 물론 원재료와 운임은 시장에 따라 오르내리기 때문에 이윤의 폭도 커져 당시의 철강 시가로 보면 지급이 어려울 정도의 높은 임금도 간단히 지급할 수 있게 되었다. 하지만 자본가의 입장에서는 시장의 상황이 나빠지면 임금도 삭감하는 것이 당연하다고 여겨 임금 삭감을 통보하였다.

그로 인해 철강 업계에서는 임금 삭감에 불만을 품은 파업이 지속하였다. 이것을 객관적으로 본다면 회사의 이윤이 줄어들 때는 노동자가 임금 인상을 요구하고, 회사의 이윤이 급증할 때는 회사가 노동자의 임금 삭감을 요구하기 때문에 어떤 상황에서든 분쟁이 일어나는 것은 당연한 상황이었다.

이런 상황을 피하기 위해서는 임금을 일정 부분 시장의 상황에 따라 유동성을 갖게 하여 변동 부분은 매달 신문지상의 시장 가격에 비례하여 조절하면 된다. 이미 시카고의 롤링 밀 회사에서는 이 방법으로 임금을 정하고 있기 때문에 파업은 물론이고 임금에 관한 노동자들의 불만이 사라져 원만한 노사관계를 유지하고 있다.

또한, 고품질의 공예용 철강제품 생산으로 유명한 피츠버그 크레센트 철강 공장에서는 숙련공들의 임금에 대해서만 이 방법을 채택해 우대하고 있는데, 이것은 노사 쌍방에게도 이익을 가져다주고 있다.

임금 슬라이드 제도의 단점

＊

 임금 슬라이드 제도를 도입한 공장의 노동자 임금은 달마다 임금을 개정하고 있기 때문에 임금 때문에 발생하는 모든 분쟁은 쉽게 해결할 수 있다. 파업도 업장 폐쇄도 없는 것이다. 단, 처음에 기준으로 정하고 임금의 어떤 부분을 슬라이드할 것인가를 협의하는 데 다소의 문제가 있지만, 이 문제를 해결하기 위한 노력은 분쟁의 속출과 비교한다면 큰 문제가 아니다.
 물론 아무리 좋은 방법이라고 해도 단점은 있다. 슬라이드의 기준이 되는 시장은 실제로 회사가 매매하는 가격이 아니라 신문지상에 보도되는 것이 기준이 되기 때문에 노사 쌍방에게 항상 완전한 공평성을 제공할 수 있다고 하기 어렵다.

예를 들어 최근의 철강처럼 시장 상황이 불경기에 접어들면 상당량의 거래를 유지하기 위해서는 공표된 시장가 이하로 계약해야 하는 경우가 있다. 이럴 때에도 회사는 공표된 상장에 따라 노동자에게 임금을 지급하기 때문에 그 손실을 자본가만이 떠안게 된다.

이처럼 임금 슬라이드 제도에서도 다소의 결점이 발견되지만, 그 결점을 수정하기 위해 다음처럼 결정하는 것이 바람직하다.

우선 임금의 개정은 1년에 한 번으로 하고, 만약 그 기간에 내버러둘 수 없을 정도의 큰 변화가 일어날 경우에는 부분적으로 개정을 협의한다. 또한, 슬라이드 제도를 정한 뒤에는 그 해석이 어느 한쪽에 치우치지 않도록 사전에 중재소의 검열을 받는다. 또 해마다 임금 개정의 협의를 할 때 노사 간에 서로 합의가 이루어지지 않을 때는 곧바로 중재를 의뢰하고, 중재 위원이 결정한 사항은 협의를 개시한 날짜로 거슬러 올라가 적용한다.

이렇게 한다면 임금 개정 때문에 하루라도 공장이 멈추는 날이 없을 것이고, 파업과 직장 폐쇄도 그림자를 감추게 될 것이다.

자본과 노동은 서로 적이 아니다. 차량의 바퀴처럼 서로의 이해관계는 대등하다. 사회에는 어느 한쪽의 바퀴만을 빨리 회전시켜 차를 파괴하려는 마음으로 열심히 운동하는 사람들이 있다. 이러한 것은 어느 쪽의 편에 서더라도 사회를 위해 전혀 도움이 되지 않는다. 자본가, 모든 노동자의 생각이 필요한 때이다.

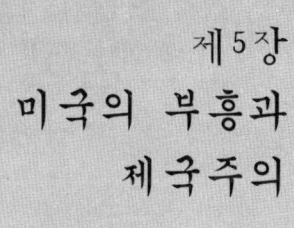

제5장
미국의 부흥과 제국주의

1.
국가 간의 '동맹'은 도움이 되지 않는다!

"내 일에서 가장 힘든 것은, 기운을 잃고 목표를 잃은
사람들의 비통한 외침을 듣지 않으면 안 된다는 것이다."

극동의 영토와 전쟁의 위험

※

 나는 몇 가지 이유로 극동 영토는 위험을 내포하고 있기 때문에 미국에 불행을 가져다줄 뿐이라고 생각하고 있다.
 최근에는 일주일을 무사히 보내는 일이 드물 정도로 줄줄이 열강 간의 전쟁과 동맹의 체결, 그리고 동맹 상대의 전환 등, 전쟁에 관한 놀랄 만한 소식들이다. 세계의 조선소, 총기 제작소, 장갑차 제작소가 밤낮없이 바쁜 것은 이 극동의 문제가 원인이 되고 있다. 그야말로 극동에 낙뢰가 떨어질 위험한 상황으로 치닫고 있다.
 청일전쟁에서 일본이 중국에 이기면서 중국 영토의 일부를 차지한 지 불과 4년밖에 지나지 않았다. 그렇게 해서 등장한 것이 프랑스, 러시아, 독일의 연맹으로 그들은 일본을 중국에서 몰아냈다.

러시아는 승리의 대가로 토지 일부를 손에 넣었고 독일도 가까운 토지 일부를 손에 넣었지만, 일본은 모든 것을 빼앗겼다.

열강 중에서도 가장 힘이 센 영국은 중립의 태도를 보였다. 만약 영국이 일본의 편을 들었다면 역사상 최대의 전쟁이 일어났을지도 모른다.

독일이 중국의 특정 지역을 양도받자 영국이 개입하였고, 독일은 중국 영토에서의 '문호개방 정책'을 유지할 것을 요구하였다. 이와 마찬가지 요구가 러시아에 대해서도 있었다. 양국은 어쩔 수 없이 이에 동의하였다. 극동은 다이너마이트 창고가 되어 언제 터질지 모르는 상태가 되었다. 게다가 미국은 전쟁이 일어나면 참전을 할 생각을 하고 있었다. 그렇게 되면 일본이 중국 영토의 일부를 반환해야 했던 것과 마찬가지로 미국도 필리핀에서 손을 떼어야 할 것이다.

미국과 열강의 군사력

*

극동의 지배권을 다투고 있는 열강들의 상대적 힘 관계는 다음과 같다. 영국은 군함 581척(이 중 신예함은 80척), 프랑스 군함 403척(이 중 신예함은 50척), 러시아 군함 268척(이 중 신예함은 40척), 독일은 군함 216척(이 중 신예함은 28척). 일본은 가까운 시일 내에 독일에 필적할 것이고 현장에서 가까운 극동지역에서 그 세력을 키워나가게 될 것이다.

미국은 이러한 지역에 군함 81척(이 중 신예함은 18척)으로 참가하려 하고 있다. 하지만 전장에서 멀리 떨어져 있기 때문에 실제로는 그 숫자의 절반 수준이라고 생각해야 할 것이다.

극동의 위험지대까지의 거리는 러시아가 8,000마일, 다른 유럽 제국이 9,000마일인 반면에 미국은 희망봉과 말라카 해협을 거치면 1만 5,000에서 1만 7,000마일, 유럽을 경유하면 약 1만 2,000마일의 거리이다. 하지만 유럽 경유는 전쟁 중에는 불가능하다. 미국 함대가 유럽을 거치는 것은 유럽의 적지에 뛰어드는 것과 마찬가지이다.

유럽 제국의 육군은 다음과 같다. 독일 육군의 평균 편제 56만 2,352명에 전시 편제는 3,000만 명, 프랑스 육군의 평균 편제는 61만 5,413명에 전시 편제는 250만 명, 러시아 육군의 평균 편제는 75만 9,448명에 전시 편제는 251만 2,143명이다. 프랑스와 독일의 남성은 20살, 러시아는 21살을 넘으면 모두 병역의 의무가 있다. 그들은 시민이기 전에 병사이다.

미국은 확실하게 병력적인 면에서 뒤처져 있고 자신의 적대국 요구에도 반대할 수 없다. 이것은 다른 열강들의 중립을 보장받을 수 있지만 프랑스, 독일, 러시아가 영국을 대하는 것과 마찬가지이다. 미국은 고립되어서는 안 된다. 영국의 '새터데이 리뷰'지의 다음 기사는 이것을 정확하게 지적하고 있다.

"솔직히 말해서 우리가 양국(영국과 미국)의 친선을 기대하고 있는 것은 서로의 이익을 위해서이다. 미국과 영국의 대표가 파리에서 만나 한 거래는 본인들이 알고 있는지 어쩐지 모르지만, 영국 해군의 보호 아래 이루어졌다. 그리고 영국은 이 원조에 대한 보수를 기대하고 있다. 캐나다와의 관세 문제로 우리는 미국에 관용적인 거래를 기대하고 있다. 또한, 미국이 필리핀 제도를 손에 넣었을 때는 우리를 염두에 두어주길 바란다. 특히 가까운 미래에 중국 문제의 처리에서 영국은 미국의 원조를 기대한다. 왜냐하면, 영국은 더욱 강력한 친구가 필요하기 때문이다. 양국의 오랜 우정 관계는 얄팍한 감상이 아니라 확고한 이익으로 이어진 것이기 때문이다."

포터 제독의 최근 발언에 따르면 미국이 극동에서 전면에 나서고자 한다면 '영국의 부하'가 될 필요가 있다고 했는데, 이것은 맞는 말이다. 영국이 중립의 견해를 밝힌 것이 단 하나의 이유인데, 덕분에 미국은 스페인으로부터 필리핀을 차지할 수 있었다.

그렇지 않았다면 필리핀 문제에 프랑스, 독일, 러시아가 참가하지 않았을 이유가 없다. 그리고 미국은 그들을 침묵하게 해준 대가로 '문호개방'을 해야만 했다.

가장 중요한 사건은 데이비스 상원 위원의 발언이다. 이 사람은 상원 외교 위원회의 의장으로서 그 능력, 영향력, 지위 모두에 위엄이 넘친다. 그는 이렇게 말하고 있다.

"나는 미국, 영국, 일본의 동맹 조약을 찬성하며 이것은 삼국의 적도 북쪽의 이익을 보호하는 것이다. 그 외의 각국은 우리에게 건전한 두려움, 바꿔 말하자면 존경심을 가지게 될 것이다."

국가 간의 동맹은 도움이 되지 않는다!

※

  데이비스 의원의 주장은 옳다. 다시 말해서 스페인에서 필리핀을 빼앗은 것은 영국의 허가를 받은 것이다. 극동에서 우리의 입장은 영국의 지속적인 원조와 동맹관계에 달려 있다. 이것은 미국이 굴욕적인 입장에 있다는 것을 보여주고 있다.

  그렇다면 미국이 영국과의 동맹에 정말로 의지할 수 있는 걸까? 국가 간의 동맹은 유럽에서 눈이 어지러울 정도로 빠르게 변하고 있다.

  프랑스와 영국은 동맹하여 크림 전쟁에서 싸웠다. 양국은 미국이 마닐라를 차지했듯이 세바스토폴을 차지하였다. 두 나라의 국기가 사이좋게 이 지역에서 나란히 나부끼고 있지만 두 나라 모두

이 사실이 영토 요구의 권리가 두 나라에 있다는 것을 의미한다고 여기지는 않는다.

오늘날, 러시아와 프랑스는 굳은 동맹 관계를 체결하여 영국과 그 외의 다른 나라들에 대항하고 있다. 독일은 오스트리아와 전쟁을 하였지만, 지금은 삼국 동맹(1882년 독일, 오스트리아, 이탈리아가 체결한 비밀 군사 동맹)을 체결하고 있다. 이탈리아는 프랑스와 동맹하여 솔페리노 전투에서 싸웠으나, 지금의 이탈리아는 삼국 동맹에 참가하여 프랑스와 싸우고 있다. 유럽은 마치 만화경과 같다. 동맹국은 바뀌고, 결렬되었다가 다시 동맹하는 등 온갖 사건에 의해 다른 형태를 형성하고 있다.

최근까지 독일과 영국 사이에 존재하고 있던 심각한 불화는 트란스발에 독일이 간섭한 것이 원인이었는데, 최근 일주일 사이에 변화가 일어났다. 그리고 "양국은 많은 점에서 서로 이해를 하고 미래에는 한층 더 깊은 협조를 기대한다."는 내용이 발표되었다. 이 원고를 쓴 아침에 프랑스와 독일이 공통적인 목적을 위해 동맹을 체결할 수도 있다고 보도되었다. 이것은 얼마 전까지만 해도 있을 수 없는 일이라고 여겼지만, 독일과 프랑스가 중국에서 일본을 몰아내기 위해 러시아와 동맹을 맺은 사실을 정치가들은 깨끗하게 잊어버린 것 같다.

전혀 조화를 이룰 것 같지 않을 것처럼 보여도 불가능한 동맹과 미래에도 체결되지 않을 동맹은 존재하지 않는다. 각 나라의 당장 이익과 야심을 채우기 위한 동맹의 가능성과 그것을 위해 영국과 일본과 동맹을 체결하는데 만족하는 것 같다. 가령 지금 동맹을 체결한다고 하더라도 그것은 하룻밤만 지나면 한 푼의 가치도 없는 것이 될지도 모른다.

따라서 나는 미국의 정치가는 어떤 일이 있더라도 강인한 군사력으로 자신을 지킬 수 있는 나라를 만들지 않으면 안 된다고 생각한다. 현재의 군사력은 큰 도움이 되지 않는다. 군함 81척은 너무나도 적은 숫자이다. 그렇다고 해서 정규병력 5만 6,000명의 육군으로 무얼 할 수 있겠는가! 미국의 육군과 해군은 자국보다 강한 열강에 쉽게 패하여 붕괴하고 말 것이다.

미국이 극동에서 의지해야 하는 것은 바로 영국의 보호이다. 정말로 의지할 수 없는 가는 실과도 같다. 미국은 속속 위치를 바꾸고 있는 사막에 놓여 있는 동맹 위에서만 기초를 다질 수밖에 없다.

미국은 제국주의 열강과 마찬가지 행동을 하여도 좋은가?

*

 나는 미국이 제국주의 강국은 될 수 없지만 홀로서기를 할 수 있을 만큼 강해질 수 있다고 생각한다. 또한, 영국의 부하가 아니라는 사람들 중에 한 명이다.

 미국 자신이 제국주의를 통해 강국이 되기 위해서는 제국주의 강국처럼 행동하지 않으면 안 된다. 다른 모든 열강의 해군에도 뒤지지 않을 정도의 해군을 만들어야 한다. 그리고 해군과 협력할 수 있는 수십만 명의 정규 육군이 필요하다.

 만약 미국이 쉬지 않고 열심히 영국 해군에 필적할 만한 해군을 만들기 위해 전념한다고 하자. 다른 열강들에게 휘둘리지 않으려면 해군은 반드시 필요하다. 그리고 1년에 20척의 군함을 만든다고 해도 20년 이상의 시간이 필요하다. 하지만 현재 미국의 해군은 1년에 6척밖에 만들지 않는다. 20척이나 6척이건 간에 이 군함에 승무원을 배치하기 위해서는 교육을 해야 한다.

분명 미국은 이 능력을 갖추고 있다. 해상이든 육상이든 미국의 병사는 다른 나라 병사와 비교하여 거의 대등한 능력을 갖추고 있다. 그것보다도 미국의 기계공이 세계에서 가장 뛰어난 실력을 자랑하고 있고 다재다능하다는 사실을 알고 있다. 해상에서의 승리는 갑판 위의 포병은 물론 그 대포를 만드는 기술자들의 실력에도 마찬가지로 좌우된다.

지금 세계에서는 미국 포병을 이길 수 있는 상대가 없다. 미국 군함이 아무 피해 없이 무적 스페인 함대를 침몰시켰다는 소식이 내게는 전혀 놀랄 만한 일이 아니다.

나는 지난 겨울을 바다에서 보내면서 칸에 모여든 유럽 제국의 저명인사들과 교류를 나누었다. 그들의 공통적인 의견은 한동안은 스페인 해군이 미국보다 앞서 있을 것이지만, 미국은 얼마 안 돼 반드시 역전시킬 것이라고 확신하였다.

그래서 나는 세계 어떤 군함이라도 미국 해군과 싸우면 모두 침몰을 당할 것이라고 말했다. 그 이유는 두 가지이다. 하나는 미국 군함이 최신예라는 것, 그리고 또 하나는 대포 뒤에 숨어 있는 사람들이 어떤 사람들인지를 나는 잘 알고 있기 때문이다.

만일 미국이 공업의 이상을 버리고 전쟁 수행의 길을 가게 된다면 미국은 세계의 최고가 될 것이다. 이것은 틀림없는 사실이다. 이 자극적인 정세에서 태어난 병사들은 모든 병사 중에서 가장 강인하고, 민첩하고, 다재다능하며 미국인들에게는 세상의 그 어떤 나라에도 뒤지지 않는 조직력이 존재한다.

그러나 우리가 인정해야 할 것은 미국이 적절한 해군과 병력을 가지고 있지 않다는 것이다. 게다가 제국주의적인 정책을 취하기 위해서는 미국의 보호자가 필요하며 극동에서 두각을 나타내려면 지금의 상태로는 아무리 노력한다고 하더라도 제국주의 강국은 될 수 없다.

제국주의란 당연히 해군과 육군을 가지고 있다는 것을 의미한다. 도덕, 교육, 문명사회 등은 제국주의를 지탱하는 것이 아니다. 이러한 도덕은 더 높은 문명사회를 만들기 위한 것이자 아메리카니즘을 위한 것이다. 제국주의의 기초는 야만적이고 물질적인 강함이고, 물질적 군대, 군함, 대포를 구사하여 상대를 침묵시키는 일이다.

'전력(戰力)의 동맹'과
'마음의 동맹'

*

 설마 '노스 아메리칸 리뷰'지에 게재된 『미래의 전망』의 저자는 영국권 인종의 합체에 반대라고는 생각하지 않을 것이다. 이 합체는 오래전부터 내 꿈이자 내 마음속 깊은 곳에 잠재된 충동 중의 하나이다. 오랜 세월 내가 태어난 서머 하우스에 펄럭이는 깃발이 있다. 그것은 성조기와 유니온 잭을 이어 놓은 깃발이다.

 물론 이런 국기는 어디에도 없다. 이 깃발은 앞으로도 그곳에서 펄럭이면서 하나로 이어진 두 개의 국기는 서로 포옹을 하듯이 좌우로 바람에 흔들릴 것이다. 하지만 나는 데이비스 상원 의원이 바라는 것처럼 공식적인 동맹을 지지하는 것은 아니다. 내가 바라는 것은 오히려 다행히 지금도 존재하고 있는 '마음과 마음의 동맹'

이다.

전력의 동맹은 이따금 발생하는 문제로 인해 체결과 결별을 반복한다. 하지만 인종이 가지는 애국심에는 깊은 무언가가 있기 때문에 표면적인 물결에 흔들리지 않는다. 신구 대륙 간에 온화한 감정이 지속하는 지금의 시대가 의미하고 있는 것은 셰익스피어와 번스의 고향이 침략되었을 때는 대영제국이 신대륙 친척의 원조를 기대할 만하다는 것이다.

그러나 이것은 신구 대륙 중에 어느 쪽인가가 국내외의 음모를 감추고 있는 쌍방의 지원을 보증한다는 의미가 되어서는 안 된다. 오히려 미국이 어떤 동맹에도 속하지 않는다는 것을 의미한다. 그리고 지금의 미국이 외국의 분쟁에 참가하지 않는다는 이유에서 국제간의 분쟁에 참가하고 있는 영국을 지원하지 않고 있다.

영국과 러시아의 예를 살펴보자. 불과 1년 전에 영국의 정치가는 자국에서 러시아에 반대하는 운동을 펼치고 있었다. 정치가들은 태평양을 향한 러시아의 확장을 막는 제안을 하였다. 러시아에 있어 태평양은 동일 연장 선상의 영토이자 자국의 영토는 굳건히 지킨 채로 아시아의 영토를 흡수하여 러시아의 것으로 만들 수 있기 때문이다.

러시아는 멀리 떨어진 영토를 무방비로 내버려둘 정도로 어리석지 않다. 러시아는 항상 미국의 친구였다. 남북전쟁 당시에 영국의 총리였던 파머스톤 경이 남부에 주목하라고 제안을 했을 때, 러시아는 뉴욕에 함대를 보내 남부의 우리를 지원하였다. 러시아는 미국에 알래스카를 팔았다. 지금의 미국은 러시아를 적대시할 이유가 없다. 세계에서 이 두 나라만이 유사 이래 단결하여 굳게 이어진 흔들리지 않는 강대국이다.

그리고 그 이유는 각각 동일 연장선상의 영토를 발전시켰기 때문이다. 러시아와의 무역을 살펴보더라도 미국의 수출은 놀랄 만큼 빠르게 증가하고 있다. 대량의 미국산 기관차, 철교, 전기기기가 러시아를 향해 출항하고 있다. 미국이 최고라 자랑하는 것, 또는 언젠가 그렇게 될 것들은 이미 러시아에 진출해 있다. 만일 영국과 러시아가 극동에서 충돌한다면, 미국이 영국과 동맹을 체결하여 미국은 가장 훌륭한 친구와 전쟁을 해야 한다.

모든 나라와의 우호

*

프랑스와 미국은 애초부터 우호 관계에 있었다. 미국 국민들은 혁명 때의 프랑스 원조를 잊었을지도 모르지만, 절대로 잊어서는 안 된다. 프랑스의 이해관계 몇몇이 스페인과 일치하고 있었다. 프랑스의 금융계가 스페인의 채무를 유보해 준 것이다. 프랑스의 신앙은 스페인의 신앙이다. 하지만 프랑스 정부는 미국과 스페인의 전쟁에서 미국 편을 들어주었다.

미국이 영국이나 일본과 동맹을 맺는다면 프랑스와 적대관계가 될 위험성이 있다. 그러한 위험성을 품고 있는 동맹에 나는 찬성할 수 없다. 모든 상황을 예상할 수 있다고 하더라도 나는 그 어떤 열강과도 동맹을 찬성할 생각이 없다. 미국은 모든 열강과 우호 관계를 유지해야 한다. 이것이 애초의 미국 정책이었고 그대로 그것을 유지해야 한다.

데이비스 상원의원이 말했듯이 "세계가 우리에게 건전한 두려움, 다시 말해 존경을 품게 될 날."이 오는 것은 미국에는 바람직하지 않다. 즉, 모든 나라와 우호 관계를 유지해야 하며 그것은 '건전한 두려움'이 아니라 '건전한 우호'인 것이다.

영국과 미국 양국 간에 발생 가능성이 있는 문제점에 대해 소문이 무성한 적이 있었다. 나는 오해가 없도록 양국 간에 실제로 전쟁이 일어날 것으로 생각하지 않는다는 것을 미리 말해 두겠다. 아니, 영국권 인종은 두 나라 사이에서는 두 번 다시 전쟁이 일어나지 않을 것이라는 게 내 의견이다. 어느 한쪽에 불만이 생기면 무력으로 해결하는 것이 아니라 서로 대화를 통해 해결하려 할 것이다. 대화를 거절하는 정부는 미국이든 영국이든 존재할 수 없기 때문이다.

영국 역사상 가장 강력했던 정부는 로버트 솔즈베리 수상이 재임했을 때이다. 당시 미국의 클리블랜드 대통령은 베네수엘라 문제에 대하여 당연한 순서로서 조정(調停)을 요구했다. 잘 알려진 대로 글래드스턴이 수상이었을 당시 영국정부는 문제가 일어났을 때 조정에 합의했다. 그런데 솔즈베리 경은 정권을 잡자마자 이 협정을 거부해 버렸다. 클리블랜드 대통령의 요구를 거절한 것은 솔즈베리 경이었지만 그 결과는 어떻게 되었는가?

사정을 잘 모르는 미국 대중 중에는 솔즈베리 경이 얼마 되지 않아 일방적인 거부를 철회하고 클리블랜드 대통령의 요구에 응해야만 했던 것이 미국의 태도에 밀렸기 때문이라고 믿는 사람도 있다.

그러나 그것은 일부만이 사실일 뿐이다. 솔즈베리 경을 지지하는 영국 군대는 정부의 결단을 바꾸도록 압력을 가해왔지만, 정부는 이것을 거부했다. 이것은 공공연한 비밀이다.

사건의 배후에는 솔즈베리 정권과 가장 가까우면서도 다음 수상을 노리는 사람이 클리블랜드 대통령의 편에 있을 것이라고 상상할 수 있다. 이것은 외신의 발표로 충분히 알 수 있는 사실이다. 이 외신의 배경에는 항상 미국의 친구였던 빅토리아 여왕이 있었다는 것은 틀림없는 사실이다.

이상은 '세계 연방'의 실현

*

 영국과 미국 사이에 실제로 전쟁이 일어날 것이라는 걱정은 불필요한 것으로 일축할 수 있다. 하지만 정말로 무서운 것은 영국은 물론 다른 열강들이 바라는 다음과 같은 상태가 된 경우이다. 즉, 만일 영국의 보호 지역이 영국에 대하여 공격을 감행하였을 경우, 혹은 영국이 걱정했던 대로 보호 지역이 보호를 고마워하지 않고, 보호에 대한 충분한 보답이 없다고 영국이 생각했을 경우의 두 가지이다.

 영국은 결과적으로 일본으로부터 중국 영토를 빼앗은 것이 되지만, 그것은 강한 적의가 있었던 것이 아니라 단순히 일본 대신에 중국에 간섭하지 않겠다는 결단에 의한 행위였다.

영국에서 보면 일본에 충분한 이점이 있다면, 일본은 영국의 지원을 받았을지도 모른다.

유럽에서 동맹의 기반이 되는 것은 언제나 만족스러운 거래의 존재이다. 유럽 제국은 각각 가치가 있으며 그 어떤 나라에도 다른 나라가 원하는 이점이 있다. 프랑스는 영국에 대하여 이집트에서의 원조를 충분히 받았다.

한편 독일의 힘은 영국이 델라고어 만을 손에 넣고 트란스발 문제를 매듭짓는 두 가지 일에 도움이 된다. 영국의 입장에서 이것은 정말로 원하는 일이다.

러시아는 영국의 입장에서 인도를 향한 최고의 디딤돌이 된다. 이 나라들은 모두 다 상호 이해관계가 있기 때문에 어떤 동맹이 깨지고, 또한 어떻게 다시 동맹이 맺어질지 아무도 알 수 없는 상태이다. 이 모든 것은 각각의 이익에 달려 있다.

그러나 미국의 입장은 이 범주에 들지 않는다. 동맹을 위해 별로 매력적이지 않은 요청밖에 없다. 그 어떤 나라라 할지라도 동맹을 체결하는 것은 강력한 상대를 대적하기 때문에 희생이 따를 뿐이다.

현실적인 정치가의 조정하에 그 나라의 입장과 이익이 놓여 있을 때 정치가에게 있어서 미래의 바람직한 모습을 생각하지 않고, 현재의 모든 문제보다 유리하게 처리하는 것이 중대한 임무처럼 여겨진다. 영국권의 인종단결이라고 하는 꿈은 그 누구보다 내가 원하고 있지만, 이러한 황홀한 꿈조차 국제 정치의 장에서는 단순한 꿈에 불과하다고 인식해야만 한다.

우리는 '세계 연방'이 언젠가 해결해 줄 것이라는 것을 알고 있다. 진화론자가 믿어 의심치 않는 것은 최고의 이상을 실현하는 것이다. 이 이상의 실현은 정의에 도움이 된다.

그러나 정치가는 꿈을 쫓는 사람들이 아니다. 자신의 바람을 사실과 대항시킨다. 그렇다고 해서 미국이 지금처럼 다른 열강과 동맹을 맺어야 하는지에 대하여 다가올 극동의 분쟁에 참가하자고 제안하는 사람들은 미국의 장래를 결정해야 하는 인물로 적당하지 않다.

미국은 흔들리지 않는다

*

 미국의 입장이 굳건하고 확실한 흔들림 없는 것이라고 가정해 보자. 세상의 모든 해군이 하나가 되어 미국을 공격한다면 미국은 어떻게 대응을 할까? 항구를 기뢰로 가득 채우고 군함을 적의 배후에 배치하여 기회를 엿보다가 당장에 공격할 것이다.

 극단적인 경우에는 모든 항구를 봉쇄하고 대형 평저선 몇 척만이 드나들 수밖에 없어 그 어떤 열강이라도 공격을 할 수 없을 것이다. 미국은 해안선 주변에 작은 피해만 받고 중추부까지는 공격을 받지 않을 것이다.

 미국의 항구 봉쇄가 주요 국가들에 끼치는 피해는 미국이 받는 피해와 비교하면 훨씬 심각해진다. 식료품과 목화솜의 수출 금지는 영국에 물자 부족으로 인한 궁핍을 가져다준다. 영국의 처지에서 본다면 이것은 전쟁에 지는 것보다 훨씬 더 큰 피해이다. 프랑스와 독일의 입장에서도 미국의 수출 정지로 입는 피해는 통상의 전쟁 결과보다 심각하다. 빙 둘러 안전한 울타리가 쳐져 있고 자급자족이 가능한 나라 미국에 심각한 타격을 주려고 하더라도 그것이 얼마나 무모한 시험인지 강대국들은 금방 깨닫게 될 것이다.

봉쇄 중에는 급속한 성장을 바랄 수 없겠지만, 미국의 걱정거리는 단지 그것뿐이다. 해외 무역이 타격을 입는 것도 미미한 정도에 지나지 않아 국내 상업의 불과 4% 정도이다. 전문가들이 예측하는 국민의 연간 결제액은 적어도 500억 달러이고, 수출입의 결제액은 고작해야 20억 달러에 지나지 않는다. 국내 결재의 연간 증가액을 살펴보면 수출입을 모두 합친 해외 무역 전부의 총액과 맞먹는다.

노동자는 일단 직장을 잃게 되겠지만 새로운 정세로 인해 새롭게 만들어진 수요에 따라 다시 고용될 것이다. 우리는 통상 무역 금지 때문에 심각한 손해를 입지 않고 쉽게 타개해 나갈 것이다. 하지만 내가 흔들림 없는 미국에 대하여 논하는 것은 이 정도로 하겠다.

미국은 영국의 부하인가?

*

오늘날, 미국은 쏟아지는 부를 누리고 있다. 건국 이래 처음으로 미국은 세계 최대의 수출국이 되어 영국의 수출량을 초월하고 있다. 미국의 제조업체들은 모든 나라에 진출하여 상권의 확대가 순조롭게 진행되고 있다. 이제 금융의 중심은 더는 런던이 아니라 뉴욕이 되었다.

뉴욕은 아직 확실하게 그 지위를 자리매김하지 못했지만 그 날이 멀지 않았다. 단, 이것은 미국이 유럽의 전쟁에 휘말리지 않았을 때에 한해서이다. 미국에는 세계 최고의 자본과 노동의 수요가 있으며 세계 산업의 정점에 도달하려 하고 있다.

따라서 미국 국민들은 자국의 앞으로 진로에 대하여 생각해야만 한다. 첫째로 우리는 지금 상태로 굳건하게 흔들림이 없는 공화주의, 다시 말해서 미국 국민으로 있을 수 있을 것인지, 그리고 두 번째로 포터 제독이 말한 것처럼 영국의 보호 아래 제국주의에 동참하여 그들의 '부하'가 될 것인지를 생각해야 한다.

후자를 선택할 경우, 제국주의가 우리에게 부과하고 있는 새로운 임무를 먼저 생각해야만 한다.

먼저 훈련된 병사들에 의한 정규군이 필요하다. 지원병만으로는 정규군에 대항할 수 없기 때문이다. 이것은 이미 알고 있는 사실이다. 정규군의 월급 때문에 쉽게 모여드는 지원병은 입대 후 훈련을 시켜야만 한다. 이것은 정규군과 비교해서 지원병의 능력이 떨어진다는 의미가 아니다. 지원병이 훈련을 받지 않았다는 것을 지적하고 있을 뿐이다.

정규군으로 지금보다 3만 8천 명이 더 필요하다. 드넓은 대지에서 사람들을 불러들이는 것은 간단하지만 쉽게 모이지 않을 수도 있다. 현재 법률로 정해져 있는 병사의 수는 6만 2천 명이지만, 대통령의 발표로는 현재의 병력은 불과 5만 6천 명에 지나지 않는다. 군대의 증강을 생각하기 전에 제일 먼저 이 차이를 매워야 한다. 노동자의 고용상태가 양호하므로 지금 입대하는 사람들은 자신이 하고자 하는 일이 자신에게 있어 어떤 가치가 있는 것인지 검토할 수가 있다. 그리고 이런 일은 지금까지 미국 병사들에게 추구

되었던 행위가 아니었다. 그들은 지금까지 단 한 번도 미국을 벗어날 필요가 없었고, 더군다나 사람을 쏜 적이 없었다.

대통령은 자신이 바라는 병사와 필요로 하는 병사를 얻을 수 없을지도 모른다. 만약 대통령이 자신이 생각하고 있는 제국주의를 난파시키고 싶지 않다면 정말로 군대를 10만 명의 규모로 만들 수 있을까를 생각해야만 한다.

두 번째로 반드시 필요한 조건은 극동에 관심을 쏟고 있는 다른 열강의 해군과 어느 정도의 조화를 유지해야만 한다는 것이다. 마음만 먹는다면 미국은 20년 이내에 이러한 군비증강이 가능할 것이다. 하지만 그러기 위해서는 1년에 20척의 군함을 만들어야만 한다. 또한, 교육을 받은 승무원의 인원 확보는 배를 건조하는 것과 마찬가지로 어려운 일이다.

이처럼 무장이 완성되어야 비로소 우리는 극동 영토를 손에 넣고 고수하는 입장에 설 수 있다. 영토를 손에 넣든 그렇지 않든 간에 육·해군이 없는 상태에서 서둘러 누군가의 '보호', '중립', '동맹' 등의 위험이 따르는 불안정한 기반을 신뢰하는 것은 스스로 패배를 초래하는 것과 같다. 그리고 이러한 어리석은 행동은 가장 가난하고, 가장 정신 나간, 가장 바보 같은 정부를 가진 나라에서나 볼 수 있는 것이다. 그것은 상식적으로 생각할 수 있는 범위의 일이다.

필리핀과 쿠바를 어떻게 할까?

✳

 이상이 내가 말하고자 하는 내용의 개요이지만 아직 실질적인 의문이 남아 있다. 다시 말해서 "필리핀 제도의 문제는 어떻게 할까?"이다. 필리핀은 상원이 조약을 승인할 때까지는 미국의 소유가 아니지만 미국의 소유가 된다는 가정하에서의 문제이다.

 이 문제는 다시 한 번 문제를 제기함으로써 최선의 해답을 얻을 수 있다. 즉, "쿠바는 어떻게 할 것인가? 무엇을 약속하였는가?"라고 하는 것이다. 이 두 가지 사정은 거의 비슷하다.

 우리는 스페인을 쿠바와 필리핀에서 몰아냈다. 미국 군함은 이 두 나라의 항구에 정박해 있다. 그리고 미국 국기가 두 나라에서 펄럭이고 있다. 쿠바에는 대통령 발표를 통해 의회가 새로운 약속을 하였다. 그것은 쿠바에는 "자유롭게 독립된 정부를 가능한 한 빨리 만들 수 있도록 원조한다."는 약속이다.

'자유, 독립'이라는 마법의 문구가 쿠바 사람들에게 받아들여지면서 미국의 병사들은 구원자로서 환영받았다. 이것을 충분히 확신한 우리 정부는 애초 예정의 절반까지 줄여 쿠바에 군대를 파견하고 있다.

만약 우리가 약속을 속이려고 한다고 하더라도(유럽 공화국들에서는 우리가 그럴 것이 틀림없다고 여기고 있지만) 독립을 원하는 쿠바 국민들의 열망을 억누를 수는 없다. 또한, 미국 병사들의 목적이 자유와 독립을 획득하기 위해 싸우는 쿠바인을 받아들이기 위한 것이라는 사실을 안다면 수많은 미국인조차 반대를 할 것이다.

내가 쿠바에서 입수한 최신 정보에 의하면, 쿠바는 곧 새로운 정부를 수립할 것이다. 하지만 나는 그 정부가 합병을 요구할 것이라고 예상하고 있다. 새로운 정부를 지배하는 쿠바의 소유자와 그곳에 재산을 가지고 있는 그들에게 관심을 쏟기 시작한 수많은 미국인은 그렇게 처리를 할 것이다. '무료 설탕'은 모든 사람의 재산을 의미한다.

과연 미국은 쿠바를 인정할 것인가? 정말로 의문스럽다. 하지만 쿠바가 우리를 걱정하게 할 일은 거의 없다. 쿠바는 제국주의의 흔

적도, 외국과의 전쟁 위험도 없다.

다음으로 필리핀 제도의 문제에 대하여 생각해 보자. 스코필드 장군은 필리핀에는 3만 명의 군대를 파견할 필요가 있다고 말하고 있다. 왜냐하면 '완전한 제압'이 필요할 것이라고 예상되기 때문이다. 제너럴 장군은 2만 5천 명으로 충분하다고 한다. 어쨌거나 이것이 미국 국민들에게 무슨 이익이 된단 말인가! 쿠바에 대한 약속과 마찬가지 약속을 필리핀에도 한다면 그 절반만으로도 충분할 것이다. 그리고 그 결과 우리는 우리에게 아무런 공격도 하지 않는 선량한 사람들은 살해하지 않아도 될 것이다.

'자유와 독립'이라는 마법의 단어

*

 쿠바는 먼로주의의 비호하에 있기 때문에 외국의 간섭이 불가능하다. 필리핀도 이러한 상태하에서 안정된 정부가 수립되어 800만 명의 사람들이 자신을 지킬 수 있다고 확실할 수 있는 그 날까지 기다려야 한다. 진정한 '독립'을 맛본 800만 명의 '적의' 속에 굳이 몸을 던질 열강은 없을 것이다. '자유와 독립'이란 말은 마치 마법과도 같다. 결코, 잊을 수가 없다.

 이에 대한 반론을 한 가지 생각해 볼 수 있다. 그것은 그들 스스로 나라를 통치할 수 없다는 것이지만 이것은 증명되지 않았다. 이와 같은 예로 스페인으로부터 독립한 16개의 스페인 공화국 또한 마찬가지이다. 금세기에 들어서의 멕시코 또한 마찬가지이다. 또 영국이 우리에게 품고 있는 생각이기도 하다.

내 의견으로는 이 반대 의견에는 거의 효력이 없다. 내가 인도의 마을들을 방문하고 깨달은 것은 그곳에는 이미 2천 년 이상의 자치 정부가 있었다는 것이다. 어떤 나라라도, 비록 발전이 가장 늦은 나라에서도 정부와 '질서와 계급'은 존재한다.

부족의 장과 권력자들은 그 부족 사람들에 의해 선출되는 경우가 많다. 인도의 일부 부족인 아프리데인들이 사는 미개지에는 자치 정부제도가 있으며 그것은 흔들리지 않는 굳건한 제도였다. 법률의 제정, 평화, 그리고 질서, 이 세 가지는 그것이 충분하든 아니든 간에 인간사회는 이것 없이는 존재할 수 없다.

필리핀인이 최저의 국민이라고 단정할 수 없으며 그러한 생각은 당치 않은 생각이다. 또한, 쿠바인보다도 뒤떨어지지도 않다. 필리핀인을 제멋대로 내버려두면 문제가 될지도 모르지만, 과연 문제를 일으키지 않은 나라가 존재할까? 반란과 유혈사태도 일어날 것이다. 하지만 그것을 경험하지 않은 나라가 과연 존재할까? 이것은 우리가 지나온 길이며 그것을 통하여 국민들의 지지를 받는 정부가 가능한 것이다.

따라서 아래와 같은 상황에서만 미국은 올바른 태도를 유지할 수 있다. 다시 말해 "영토에 대한 권력을 키우기 위해서가 아니라 인간성이 문제인 경우에만 칼을 뽑는다."라고 하는 것이다. 또한

"기본 원리에 따라 올바른 태도를 유지할 수 있다."는 상황에서만 이다.

즉, "정부는 그 공정한 권력을 국민의 동의에서 얻는다."라고 하는 것이 기본 원칙이다. 국기가 펄럭이고 있는 곳과 상관없이 '인민의 평등', '한 사람의 권리, 만인의 권리'를 호소할 때 또는 모든 인류가 평등할 때, 일부 시민에게만 권리를 주지 않을 때이다. 즉, 자유 시민과 노예가 존재하지 않을 때……. 이럴 때만이 미국은 올바른 태도를 유지할 수 있는 것이다.

2.
'신'의 이름을 내건 침략 행위

"오랫동안 고민하다 보면 원하는 것은 어떤것이든 이뤄낼 수 있다."

제국주의는 '신성한 의무'일까?

※

　나는 '리뷰' 지 1월호에서 외국과의 전쟁과 분쟁의 위험성에 대해 말한 적이 있다. 그것은 미합중국을 확고하게 유지해온 지금까지의 정책에서 일탈하는 것에 대한 반대 이유를 제시한 것이었다. 미국이 지금까지의 정책에서 일탈할 가능성은 세 가지로 생각할 수 있는데, 여기서는 그중에 하나를 들어 생각해 보기로 하자. 왜냐하면, 다른 두 가지는 과거에는 중요한 이유였지만 지금에 와서는 완전히 설득력을 잃어버렸기 때문이다.

　그 두 가지 이유는 평화 시의 '무역 확장'과 전시의 '힘의 증강'이다. '무역의 확장'은 대영제국이 미국에 원조를 해주는 답례로 '문호개방'을 요구해왔을 때 당시의 대통령에 의해 말살되었다.

다른 외국보다 가까운 관계에 있는 대영제국에 대하여 '문호 개방'을 하는 것은 자국 농산물과 광산물의 측면에서 보면, 다시 말해서 '쇄국'을 의미하여 큰 타격을 받게 된다.

또 한 가지 '힘의 증강' 론은 무역 확장론보다 수명이 짧다. 먼 곳의 땅을 점령하였더라도 종래에 부족했던 공격적 측면을 적에게 보여줄 뿐이기 때문이다. 공화국은 변경의 점령지 등을 소유하지 말고 일치단결해야만 비로소 실질적인 강대국이 될 수 있다.

가령 미국이 필리핀을 식민지로서 굳게 지키고 싶다면 지금쯤 커다란 지배력을 지닌 해군력 일부가 마음먹은 대로 나라를 조종할 수 있었을 것이다. 따라서 불과 얼마 전에 샘프슨 장군이 이렇게 경고한 것이다. "전쟁이 일어날 위험성은 이미 100% 증가하고 있기 때문에 해군력을 두 배로 할 필요가 있다."라고.

이에 대하여 대통령은 그렇다면 육군도 두 배로 할 필요가 있는 것이 아니냐고 질문하였다.

이렇게 해서 평화 시의 '무역 확장'과 전시의 '힘의 증강'이라는 주장은 자연적으로 소멸하였다.

이제 미국이 지금까지 정책에서 일탈할 세 가지 가능성 중에 나머지 하나, 다시 말해서 제국주의에 대하여 검토해 보기로 하자.

제국주의를 지지하는 이유로서 지금까지도 여전히 건재한 것은 신이 미국인에게 새롭고 커다란 운명의 문을 열어주었다는 주장이다. 그것은 당연히 미국인에게는 크고 무거운 짐이 되겠지만, 그 운명에 겁을 먹는 것은 신성한 의무를 회피하는 것이 된다는 것이다.

다시 말해 그 운명이란 미국인의 관리하에 놓여 있는 낙후된 지역의 사람들에 대하여 문명을 전파하라는 신성한 의무이다. 우리에게 희생을 강요하고 있는 것은 '인정'과 '의무'와 '운명'이라고 생각하는 것이다.

미국이 공화주의적 이상에서 일탈할 것을 요구하는 제국주의적인 주장은 결코 불명예스러운 토대 위에서 성립된 것이 아니다.

평균적인 미국인, 특히 서해안의 미국인들은 자신의 나라는 열대지방의 민족을 발아래 놓을 수 있고, 그렇게 하는 것이 이 민족들에게도 이익이 된다고 정말로 믿고 있다.

즉, 이것이 신이 자국에 부과한 임무이기 때문에 당연히 그 책임을 다해야 할 의무가 있다고 여기고 있다. 이 말을 들은 국내외의 사람들, 특히 외국인들은 조롱할 것이다.

그러나 일반적인 미국인(남부 사람을 제외하고)이 지배하고 있는 민족과 열대 지방의 상황에 관하여 전혀 무지하거나 유럽 사람들에게는 전혀 이해할 수가 없는 일이다. 이 무지는 그들의 신앙의 깊이와 마찬가지로 깊은 것이다.

그들의 무지는 어떻게 손을 쓸 수 없을 정도로 지식이 없을수록 그들이 더없이 성실하다는 증거가 된다. 또한, 지식이 없이 '좋은 의도'만을 가지고 있다면 너무나도 위험한 집단이라고 생각된다.

남부 사람들은 인종 문제에 관한 지식이 많으므로 국외에 세력을 넓히는 것에 대해 모두 찬성을 하지는 않는다. 그리고 공화국을 더는 민족이 서로 다른 문제로 인해 발생하는 위험에 노출하지 않는 것이 '신성한 의무'라고 생각하고 있다.

미국은 지금까지 역사상 이렇게 기본적으로 이질적이고 새로운 문제를 다룬 경험이 없다. 하지만 미국의 민주주의는 나라가 위기에 처해 있을 때 모든 문제를 도의적으로 다루는 일에 많은 신경을 써왔다. 노예제도의 폐지가 도의적인 결론에 도달하기 이전에도 폐지를 찬성하는 위치에 서 있던 사람들이 있었는데, 사람들의 목소리야말로 지금까지 미국의 입장을 결정해 왔다고 할 수 있다.

최근의 예를 보더라도 그러한 가치 기준을 깎아내리려는 제안이 나왔을 때 높은 기준을 유지하면서 이런 사람들에게 가장 큰 무기가 되어준 것은 모든 문제를 도의적으로 풀어가려는 도덕적 양심에 호소하는 것이었다. 그리고 문제가 일어났을 때의 해결책은 정의, 공평이라는 도덕적 잣대에 맞는지 벗어나는지가 기준이 된 것이다.

그런데 최근 들어 설교의 질이 떨어지고 있다는 소리를 자주 접하고 있다. 설교가 신학적 문제와 교리에 끼치는 영향은 예전과 같지 않다. 하지만 우리나라에 관한 한 설교가 신학적 문제에 미치는 영향이 적어진 만큼 도덕적인 문제 전반에 끼치는 영향력은 더욱 커졌다고 할 수 있다.

미국에서의 설교 영향력은 스코틀랜드와 비교해서도 뒤처지지 않고, 다른 영국권의 모든 나라보다도 강하다. 도덕적 문제에 관한 설교에 대해서는 설교가 어느 한쪽이 옳다고 하는 판단을 내려야 할 경우에 그 목소리는 예전과 변함없이 큰 힘을 유지하고 있다.

그러나 제국주의에 관한 설교에 대해서는 그 목소리가 둘로 나뉘어 있다. 포터 주교, 반 다이크 박사, 카일러 박사, 파크허스트 박사, 이튼 박사 등은 제국주의에 완고한 반대 관점에 서 있다.

이와 반대로 도운 주교, 라이먼 아보트 박사 등은 이와 정반대의 입장을 취하고 있다. 단, 그들도 지배당하는 민족을 위한다는 생각을 기반으로 하고 있으며 우리나라 자신의 이익은 조금도 염두해 두지 않고 있다. 상대를 생각하고 자국의 이익을 생각하지 않는 입장만이 제국주의로 살아남을 힘을 부여하고 있다.

상대를 침략하여
무슨 영광이 있겠는가?

*

 도운 주교는 선교라는 입장에서 영토 확장에 찬성하는 인물로서 유명한데, 그는 '의무'라고 하는 것에 관하여 다음과 같이 말하고 있다.

 "지금까지의 흐름을 살펴보면 종래의 국가 통치 권리를 행사하면 현재의 헌법 범위 안에서 우리가 구제한 사람들을 지배하는 것은 가능하다고 생각한다. 하지만 이것이 불가능할 경우에는 긴급 장치로서 문서에 의하기보다는 국가를 존속시키는 의무를 다하는 것이 더욱 중요한 것이 아닐까?
 따라서 헌법은 특정 일부의 사람들이 생각하고 있는 것처럼 궁

극적인 신의 계시가 아니므로 이것을 바꾸는 것도 가능하다고 생각한다. 그 어떤 역경이 닥치거나 고뇌가 따르더라도 사실을 바꾸거나 상황을 바꾸고, 또한 신의 의지로 움직이고 있는 사항들을 변경할 수는 없다.

신의 의지는 이미 지배력을 잃은 라틴 민족과 라틴어에 의한 종교를 대신하여 영어권의 사람들이 문명, 자유, 종교적 주도권을 획득하는 방향으로 움직이고 있다. 신은 미국인에 대하여 이 움직임 속에서 신의 도구가 되라고 말하고 있다. 결과적으로 분명 영국의 종교개혁, 이탈리아의 해방, 독일의 통일보다도 더 큰 사건이 될 것이다. 따라서 우리는 신에 대한 신뢰 속에서 끊임없는 용기와 신뢰를 유지하며 오늘의 의무를 다할 수 있도록 맞서나가야만 한다."

제국주의에 반대하는 우리가 혼란을 일으키지 않도록 주의해야 하는 것은 깃발을 흔들고 인기를 위해 대중의 간담을 서늘하게 할 말을 던지고 있는 정치가들의 연설이 아니라 도운 주교가 말하는 것과 같은 생각에 대해서이다.

예를 들어 주교는 헌법상의 장애를 극복할 방법을 아주 간단하게 제안하고 있는데, 이러한 헌법 개정은 불가능하다. 왜냐하면, 남부의 모든 주가 이 문제에 관하여 현재의 헌법 조문에 강력한 찬성 태도를 보이고 있어 피지배 민족을 완력으로 구제하거나 통치하는 것에 반대하고 있기 때문이다. 남부의 사람들은 자신들이 사는 장소에서 북부와 서부의 인간들은 잘 모르는 인종 문제의 첨단에 선 경험이 있기 때문에 예로부터의 아메리카니즘의 태도를 보이고 있다.

도운 주교는 열대 지방에서 미국인들이 특정 시기에 지속해서 머물렀던 예를 제시할 것인가? 불가능한 일이다. 이것은 주교가 신의 의지를 오해하고 있다는 것을 의미하는 것일까? 신은 신의 방식으로 열대 지방에 적응해 사는 사람들에게 그들 독자의 문명을 만들 수 있도록 생각하였고, 신이 주교에게 자애의 시선을 보내는 것과 마찬가지로 열대 지방의 자식들에게도 아버지로서 사랑의 눈길을 보내고 있다고 생각한다.

세계 각지를 여행해 보면 자신의 나라에서의 생활을 보증하는 법률이 더욱더 보급되고 있다는 것을 알 수 있다. 전 세계가 착실하게 진보하고 있다. 인내력이 부족한 사람, 다시 말해서 신이 전 세계를 지배하고 있다는 진정한 신앙심이 부족한 사람들만이 그것만으로는 부족하다고 여기고 있다.

도운 주교와 같은 교회에 속해 있는 포터 주교는 '신의 의지'란 곧 '신성한 의무'라 여겨 도운 주교와는 정반대되는 가르침을 전하고 있다. 같은 교회의 주교끼리 이렇게 차이가 있으니 어느 한쪽이 옳다고 정하는 것은 어려운 일이다.

제국주의가 완력으로 침략하여 피지배 민족에게 진정한 은혜를 베풀 수 있다면 '신성한 의무'라고 할 수 있을지도 모른다.

그러나 그 반면에 어느 대통령이 말했듯이 그것은 여전히 '비난 받을 공격'인 것이다. 여기서 잠시 이러한 공격이 좋은 결과로 이어질지, 아니면 나쁜 결과로 이어질지를 생각해 보기로 하자. 이것을 확신하는 것은 간단하다. 왜냐하면, 유럽 열강의 속국들이 세계 전체로 퍼져가고 있어 지배당하고 있는 민족이 매우 많기 때문이다.

위에 서 있는 민족이 아래의 민족에게 영향을 미칠 때, 그 어느 한쪽만이 그로 인해 은혜를 받았던 적이 과연 있었던가? 나는 지금까지 수많은 속국을 여행해본 경험이 있는데, 그런 경우는 본 적이 없다. 대체 그런 곳이 어디에 있단 말인가?

그와는 반대로 권위 있는 수많은 것들에서 명확하게 하고 있듯이 열대 지방에서 위에 선 민족이 아래의 민족에게 끼치는 영향을 보면, 아래의 민족을 향상하려고 하기보다는 오히려 풍기문란을 일으키고 있을 뿐이다.

그 이유는 명백하다. 예를 들어 필리핀을 살펴보기로 하자. 필리핀의 종교 대부분은 가톨릭으로 프랑스나 벨기에와 마찬가지로 기독교이다. 오지로 가면 이슬람교가 그 뒤를 잇는다. 영국 영사 브레이 씨는 '인디펜던트'지에 마닐라 사람들이 행복하게 사는 사진을 게재하였다. 그런데 이 사진은 내가 과거에 본 동부의 생활을 떠올리게 해주는 것이었다.

고향만큼 훌륭한 것은 없다

※

 세계 곳곳을 여행하는 기쁨 중에 하나는 인간이 고향에 있을 때 가장 행복할 수 있도록 만들어졌다는 것을 실감하는 것이다. 자신들이 뽑은 제비를 남의 것과 바꾸고 싶어 하는 사람이 없는 것과 마찬가지이다. 나는 자신의 견문을 통해 이 진실을 다시 한 번 확인했다.
 노르웨이의 노스 곶을 여행할 때 오지 라플란드 캠프를 방문하기 위해 북극권에 체재한 적이 있다. 낙오자가 발생하지 않도록 일행 뒤에는 항상 가이드가 따라오면서 주의를 시켰다. 캠프에서 돌아오는 길에 나는 그 가이드와 함께 걸었다. 그는 영어를 할 줄 알

앉고, 젊은 시절에는 선원으로 세계 이곳저곳을 돌아다녔다면서 뉴욕과 보스턴, 뉴올리언스 등 미국의 항구를 알고 있다며 의기양양했다.

피오르드의 절벽 끝에서 아래를 내려다보니 반대편에 작은 마을이 보였다. 건축 중인 이층집이 있었는데 주변은 잔디밭으로 둘러싸여 있고 주변의 집보다 훨씬 커서 한눈에 부잣집이라는 것을 알 수 있었다. 가이드의 설명에 의하면 어떤 사내가 막대한 부를 축적했다고 한다. 그는 나라를 대표할 정도의 억만장자로 재산이 3만 크로네(7,500만 달러)는 족히 될 것이라고 했다.

그는 고향 트롬소로 돌아와 저택을 짓고 그곳에서 살고 싶다고 했다. 따분한 밤을 즐기는 이상한 사람이라고 여길지도 모르지만, 그것이 고향이라고 하는 것이다. 나는 가이드에게 만약 그만큼의 돈이 있다면 어디서 살고 싶으냐고 물어보았다. 나는 내심 우리가 사랑하는 미국의 지명을 말하지 않을까 기대했다. 하지만 그는 부자가 되었을 때의 모습을 상상하고 낯빛이 밝아지면서 이렇게 말했다.

"트롬소만 한 곳은 어디에도 없습니다!"

남인도를 여행하던 어느 날, 타피오카 전분을 만들기 위해 카사

바 나무의 뿌리를 수확하여 가루를 내고 있는 광경을 구경한 적이 있다. 숲 속에서 일하고 있는 어른들은 남녀 모두 허리에 천을 두르고 있었는데 반짝이는 검은 피부의 아이들은 몸에 아무것도 두르지 않았다. 가이드는 그들에게 우리 일행은 아주 먼 나라에서 왔고, 그 나라는 자신들과 사뭇 다르다는 것, 때로는 추워서 강이 얼어붙고 그 강 위를 걸을 수 있다는 것, 또한 추울 때면 얼어붙은 비가 내려 땅에 쌓이게 되면 걸을 수 없을 정도라는 것, 옷도 몇 겹이나 겹쳐 입어야 한다는 것 등을 설명해 주었다.

그러자 이 설명을 들으며 행복한 얼굴을 하던 사람들은 우리에게 왜 그런 곳에서 살고 있느냐며 자신들이 사는 따뜻한 나라로 이사와 편하게 사는 것이 어떻겠냐고 말했다.

신의 이름을 내건 어리석은 행위

＊

 필리핀에 주재하는 영국 영사 브레이 씨의 기사에서도 잘 알 수 있듯이 지금의 필리핀에 관해서도 마찬가지이다. 인간은 세계 어디를 가든 기본적으로는 차이가 없다. 모두 자신이 태어난 고향, 자신의 나라, 자신의 아내와 자식을 우리와 마찬가지로 사랑하고 각자의 취향이 있다.

 예를 들어 우리가 인도주의적인 열의를 가지고 상대를 위한 것이라며 일방적인 착각에서 의무와 운명이라는 사명감에 100명의 필리핀인을 뉴욕에 데리고 왔다고 하자. 그리고 5번가의 훌륭한 집에 살게 하면서 불편함이 없도록 재산을 주고 그들을 '문명인'으로 만들려고 노력했다고 하자.

그런데 과연 그 결과는 어떨까? 감시원이라도 붙여두지 않으면 그들은 모두 목숨의 위험을 감수하고 어떻게 해서든 자신들의 문명으로 돌아가기 위해 도망칠 것이다.

필리핀인에게는 필리핀이야말로 신이 선물한 최선의 문명이 있다. 그들도 우리처럼 똑같은 감정을 가지고 있고 조국을 사랑하는 마음 또한 마찬가지이다. 조국에 대해서는 그들도 우리와 마찬가지로 기꺼이 목숨을 바칠 것이다. 필리핀인의 어머니가 자식을 잃고 통곡하는 목소리는 미국인의 어머니와 조금도 다를 것이 없다.

다르다면 한쪽은 패배한 나라를 지켜야 하는 입장이고 다른 한쪽은 침략자라고 하는 것뿐이다. 단, 침략자라고는 하지만 그들은 필리핀을 개화시키기 위해 침략하는 것도 자신들의 의무라고 생각하고 있는 사람들에게 단순히 명령을 받아 행동하고 있을 뿐이다.

신이시여, 인간은 신의 이름으로 대체 무슨 짓을 하고 있단 말입니까!

침략당한 사람들에게 은혜를 베풀고 싶다고 하더라도 그런 것은 우리의 힘으로는 불가능한 일이다. 그 이유로 첫째, 필리핀인들의 눈에 보이는 미국인들은 사리사욕에 눈이 먼 인간 말고는 미국 군인들뿐이라는 사실이다.

미국인의 여성과 아이들은 남편인 미국 병사와 함께 현지에서 생활할 수 없기 때문이다. 미국의 가정에서 아무것도 배울 수가 없고 크리스천 여성과 접촉하거나 귀여운 아이들도 볼 수가 없다. 알고 있는 것이라고는 특정 사내들과 병사들뿐으로, 이 사내들은 대부분 모국에서 생활할 수 없게 된 모험가들로서 필리핀에서 대박을 노리고 건너온 사람들이다.

침략의 상황을 주제로 하는 작가들은 모두 열대 지방의 마을에 병사들이 있다는 것 자체가 현지인은 물론 외국인에게도 비참한 일이며, 위에 선 인종과 아래에 있는 인종이 접촉하면 서로 특정 부분에서는 이해가 깊어지지만 서로의 풍기가 문란해진다고 말하고 있다.

인도에 있는 영국 병사의 46%는 항상 병에 걸려 있다고 한다. 선교사들에게서 멀리 떨어져 있는 외국의 캠프에 있는 병사는 현지인을 위해서라기보다 자신들을 위해서 선교사를 파견해 달라고 부탁하고 있다.

제국주의적인 생각을 하는 목사와 지식인은 이 사실을 잘 알고 있을 것이다.

영국의 속국과 식민지를 비교하면 후자가 훨씬 잘 운영되고 있지만, 그래도 영국 병사는 현지인들에게 전혀 도움이 되고 있지 않다. 이익을 추구하여 현지로 건너간 사내들도 마찬가지이다. 단, 수많은 선교사가 이미 현지에 건너가 있기 때문에 더 이상은 보내지 않을 수도 있지만, 기독교 중에서도 종파가 다른 선교사라면 조금은 갈 수 있을 것이다. 현재는 선교사도 적으로 간주하고 있지만 현지인과의 전투를 멈춘다면 선교사는 환영을 받을 것이다.

우리가 필리핀을 영지라고 여기고 영구히 돌려주지 않는다면 필리핀의 개화와 발전을 가져다주는 것은 도저히 불가능하다. 필리핀인과 우리나라 병사들이 서로 깊은 상처만을 입을 뿐이다.

그리고 현지를 향하는 미국 시민들도 상처를 입을 것이다. 병사와 사업가가 본국에서는 넘치도록 받을 수 있는 영향을 외국에서는 받을 수 없다면 그들에게 있어서 그만큼 나쁜 상황도 없을 것이다.

아메리카니즘의 원칙

✳

 제국주의 중에는 종교 관련자가 필리핀인을 위해 제일 많은 일을 하려는 것은 알고 있다. 하지만 어떤 민족에 대해서도 그 독립에 대한 꿈을 방해하는 행위를 한다면 한 손으로 열심히 나눠주면서 또 다른 한 손으로는 더욱 강력한 개화의 수단을 빼앗는 것이 된다.

 사회를 형성하고 있는 인간은 모두 스스로 손으로 통치하고 싶다는 신성한 바람을 가슴에 품고 있다. 조국의 독립을 위해서라면 기꺼이 싸우고 죽음조차 아깝게 여기지 않는 사람들에게는 그들이 원하는 자치의 기회를 주는 것이 가치 있는 것이라는 의견이 있는데, 나는 이것이 타당하다고 생각한다.

또한, 필리핀인은 이미 자치를 실행하고 있는데, 설령 자치 능력을 발휘하지 못하고 있더라도 자치의 기회를 주는 것은 민족의 향상을 위해 도움이 된다. 자치를 몸에 익히는 교육을 펼치는 것이 최선이다. 마음먹은 대로 진행되지 않아 세월만 흐른다고 하더라도 결국은 자치 능력을 발전시키는 데 틀림없이 도움이 될 것이다.

위에 선 세력이 그 토지에 살지 않고 현지인과 융합하지 않은 채로 단지 통치권을 행사할 뿐인 속국은 모두 다 인도와 마찬가지 상황이다. 미국의 제국주의자들은 영국의 지배지와 다른 예를 단 하나라도 좋으니 보여주었으면 좋겠다.

지금 진지하게 생각해야만 하는 것은 무엇을 하고 싶은가가 아니라 어떤 조건이라면 우리가 할 수 있는지, 또는 잘할 수 있는지이다.

신문과 잡지는 외국을 향해야 한다는 '새로운 운명'의 요구를 충족된 것처럼 마치 설교집과 같이 이 충동을 자극하는 역할을 해왔다. 하지만 최근 이러한 역할을 맡아왔던 서부의 보수파 신문인 시카고의 '타임스 헤럴드' 지는 이렇게 적고 있다.

"정복을 위해 필리핀인을 학살하게 된다면 미국인의 양심은 견딜 수가 없다. 우리는 필리핀을 원하고 있지 않다. 스페인의 지배를 대신하여 미국이 자비롭고 정의감에 넘쳐 있다는 표식을 달고 싶은 것이 아니다. 대통령은 다음의 것을 확실히 해주기 바란다. 아시아 지역을 합병할 의사가 전혀 없다는 것, 그리고 쿠바에 대한 의회의 서약을 그대로 필리핀에도 적용될 수 있도록…."

　대통령이 필리핀에 이 메시지만 보냈더라면 신문보도에서 전하듯이 5,000명의 필리핀인이 '풀처럼 잘려나가고' 60명의 미국 국민이 희생되는 참사는 일어나지 않았을 것이다. 대통령의 실태는 한쪽에는 말한 것을 다른 한쪽에는 말하지 않았기 때문에 일어난 사태이다. 그의 책임은 너무나도 크다.
　나는 금세기 최대 정치가의 탄생 전날에 이 글을 쓰고 있다. 그의 보기 드문 생애를 생각해 보면 역사상 최대의 정치가라고 해도 좋을 것이다. 그의 이름은 에이브러햄 링컨이다. 링컨과 같은 시대를 사는 우리가 그의 가르침을 내버려두는 것이 좋은 일일까? 그의 말에 귀를 기울이자.

"아무리 선량한 사람이라도 상대의 승인 없이 그 사람을 지배하는 것은 용서할 수 없다. 이것이야말로 미국의 공화주의를 이끌어가는 원칙이자 최후의 종착지이다."

　'통치당하는 사람의 동의'를 얻는 것이 가장 중요하다는 주장은 그야말로 시대를 앞선 발언이지만, 이 말은 가까운 미래에 시대에 걸맞은 말이 될 것이다.

오늘 날 우리는 지금까지 지켜온 정치 원칙이 모두 무너져 내릴 것 같은 전대미문의 시대를 맞이하고 있는데, 링컨은 마치 영감이라도 받은 것처럼 지금의 시대에 걸맞은 말을 남기고 있다.

"백인이 백인을 지배하는 것은 자치이다. 그러나 백인이 자신이 아닌 타인을 지배한다면 자치의 범위를 초월한 억압이다."

링컨은 현재 문제가 되고 있는 '새로운 의무'와 '새로운 운명'에 대해서는 아무것도 몰랐다. 또한, 그것이 '운명을 결정할 의무'인지, '의무를 결정할 운명'인지도 몰랐을 것이다. 하지만 공화주의의 전통적인 원칙에 대해서는 깊은 식견이 있었다.

이 위대한 미국인으로부터 배워야 할 교훈을 하나만 더 들기로 하겠다.

"우리가 의지해야 하는 것은 신이 주신 자유에 대한 동경 속에 있다. 우리의 적에 대한 대비는 전 세계의 모든 인간이 물려받은 자유를 존중하는 정신 속에 있다. 타인의 자유를 부정하는 자는 그 자유를 자신의 것을 할 자격이 없다."

이처럼 넓게 자유를 사랑하고 고귀한 마음으로 자유를 나눈다는 아메리카니즘의 원칙이 링컨 대통령에 의해 확실하게 표현되었다.

지금까지 중대한 문제, 혹은 자국의 이상을 지속해야만 했을 때, 우리나라는 단 한 번도 잘못된 길을 걸은 적이 없었다.

해설

**카네기는 미국의 제국주의에 대하여 매우 비판적인 태도를 보였다. 그것은 이데올로기적인 것이 아니라 대단히 건전한 시민 감각에 근거한 것이었다. 카네기는 앞으로 세계를 정복하는 것은 무력이 아니라 경제력이라고 믿었다. 지금부터 100년 전의 세계를 생각해 볼 때, 이것은 놀랄 정도의 혜안이라고 하지 않을 수 없다.

✠ 앤드류 카네기 연보

1835년 스코틀랜드 던펌린에서 출생.

1848년 가족들과 함께 미국 펜실베이니아 주 앨러게니로 이주.

1849년 전신국에 전보 배달 소년으로 취직.

1853년 펜실베이니아 철도회사 서부 지부 감독인 토머스 스콧 씨의 사무원 겸 전신기사로 펜실베이니아 철도회사에 입사함.

1856년 침대차 사업에 투자.

1861년 남북전쟁 당시 북군을 위해 철도와 전신선 복구 임무를 맡음. 석유회사에 투자하여 성공을 거두어 둠.

1862년 던펌린으로 여행.

1863년 키스톤 교량회사 설립.

1864년 피츠버그 레일 제조회사 설립.

1867년 유니온 제철소 설립.

1870년 선철 제조를 위해 루시 용광로를 세움.

1875년 에드거 톰슨 공장을 세움.

1886년 경쟁사인 홈스테드 제강소를 매입.

1887년 루이스 휫필드와 결혼.

1889년 『부의 복음』 출판.

1892년 홈스테드 제강소에서 파업이 발생.

1899년 자기 소유의 제강소를 합쳐 카네기 제강소를 설립.

1901년 모건에게 회사를 매각.

1902년 카네기 협회를 설립.

1905년 카네기 교육진흥재단 설립.

1910년 세계 평화를 위한 기금 조성.

1911년 카네기 재단 설립.

1913년 평화의 전당에 헌정.

1919년 사망.